高等职业教育"双高"建设成果教材
高职院校公共基础课能工巧匠系列教材·劳动教育类
高等职业教育新形态一体化教材

劳动实践教程

主编 卢进 蔡林礼 徐礼超
副主编 谭皓予 吴梦琦 任梓玮

中国教育出版传媒集团
高等教育出版社·北京

内容简介

本书是高等职业教育“双高”建设成果教材，是高等职业教育新形态一体化教材。

本书根据中共中央、国务院印发的《关于全面加强新时代大中小学劳动教育的意见》和教育部印发的《大中小学劳动教育指导纲要（试行）》精神编写而成，贯彻落实党的二十大关于发展素质教育的相关要求，落实立德树人根本任务，是高等职业院校推进职业教育的纵向贯通和横向融通，将劳动精神、劳动组织、劳动安全和劳动法规等方面设计渗透到学生学习生活中的具体实践。

本书分为日常生活劳动、技术技能劳动、志愿服务劳动三个项目，每个项目由相应的劳动实践活动构成。为强化职业教育类型特征，创新劳动育人方式，充分挖掘不同项目所蕴含的育人价值，每个实践活动都设计了真实的劳动场景，有目的、有计划地引导学生在获得劳动认知的基础上，动手实践，出力流汗，接受锻炼，磨砺意志，让学生收获有积极意义的价值体验，使学生形成正确的劳动观，具备满足生存发展需要的基本能力。

本书的每个实践活动分为“知识准备”和“实践开展”两部分，既有“拓展阅读”，也有“演练情景”，理实结合，实用性强。本书以二维码的形式辅以知识点的总结与拓展，图文并茂，便于教师课堂教学和学生课后自学。本书配套开发了教学课件、电子教案、微课等数字教学资源，方便学习者使用。

本书在活动设计上既有普适性，又有专业性，既可作为高等职业院校劳动教育必修课的教学用书，也可作为职业启蒙教育培训的学习教程。

图书在版编目（CIP）数据

劳动实践教程 / 卢进，蔡林礼，徐礼超主编. -- 北京：高等教育出版社，2023.5

ISBN 978-7-04-060230-2

Ⅰ. ①劳… Ⅱ. ①卢… ②蔡… ③徐… Ⅲ. ①劳动教育-高等职业教育-教材 Ⅳ. ①G40-015

中国国家版本馆 CIP 数据核字（2023）第 052024 号

劳动实践教程

LAODONG SHIJIAN JIAOCHENG

策划编辑 李聪聪 田伊琳　　责任编辑 田伊琳　　封面设计 李树龙　　版式设计 徐艳妮

责任绘图 杨伟露　　责任校对 王 雨　　责任印制 赵 振

出版发行 高等教育出版社
社　　址 北京市西城区德外大街 4 号
邮政编码 100120
印　　刷 天津市银博印刷集团有限公司
开　　本 787mm × 1092mm 1/16
印　　张 14.5
字　　数 190 千字
购书热线 010-58581118
咨询电话 400-810-0598

网　　址 http://www.hep.edu.cn
　　　　 http://www.hep.com.cn
网上订购 http://www.hepmall.com.cn
　　　　 http://www.hepmall.com
　　　　 http://www.hepmall.cn
版　　次 2023 年 5 月第 1 版
印　　次 2023 年 5 月第 1 次印刷
定　　价 35.80 元

物 料 号 60230-00

前言

2020年3月，中共中央、国务院发布《关于全面加强新时代大中小学劳动教育的意见》（以下简称《意见》），就加强学校劳动教育做出了总体规划和具体指导，提出："劳动教育是中国特色社会主义教育制度的重要内容，直接决定社会主义建设者和接班人的劳动精神面貌、劳动价值取向和劳动技能水平。"2022年10月，党的二十大报告明确提出，全面贯彻党的教育方针，落实立德树人根本任务，培养德智体美劳全面发展的社会主义建设者和接班人。为贯彻落实党的二十大精神，培养学生形成正确的劳动观，树立劳动最光荣、劳动最崇高、劳动最伟大、劳动最美丽的观念，体会劳动创造美好生活，体认劳动不分贵贱，热爱劳动，尊重普通劳动者，培养勤俭、奋斗、创新、奉献的劳动精神，具备满足生存发展需要的基本劳动能力，形成良好的劳动习惯，我们编写了本书。本书顺应《意见》中对职业院校"以实习实训课为主要载体开展劳动教育"的要求编写而成，设置了15个实践活动，不同学校、不同专业可根据与学生职业发展密切相关的通用劳动知识、岗位需求、个人志趣等在众多实践活动中进行必修、选修设定。

热爱劳动是中华民族的优秀文化基因。《孟子》中就有"后稷教民稼穑，树艺五谷；五谷熟而民人育"的记载。勤劳创业、耕读传家是中国教育的重要内容，"劳"与"学"在历史上从未分离过。中华民族是勤于劳动、善于创造的民族。广大学生是社会主义的建设者和接班人，需要在劳动实践中接受劳动教育、感受劳动之美，养成崇尚劳动、尊重劳动、辛勤劳动、诚实劳动的习惯，从而以劳动教育树时代新人，用劳动之手创造幸福生活。

本书分为日常生活劳动、技术技能劳动、志愿服务劳动三个项目。第一部分以学生学习生活的校园为场景，开展整理、清洁等日常生活劳动，旨在培养学生的主人翁意识和爱校爱家的集体责任感、荣誉感，传承中华民族传统美德。第二部分选取了9个特色专业的技术技能劳动，涵盖了农、林、工、商，这些劳动将是学生未来从事生产劳动的片段或缩影，具有显著的职业性和鲜明的时代特征，重在引导学生动手实践，在认识的基础上获得有积极意义的价值体验。第三部分将志愿服务活动与劳动教育相结合，发挥劳动在个人与社会之间的纽带作用，引导学生认识社会，鼓励学生服务社会，培育学生的公共服务意识和爱国情怀，在实践中形成整合性、开放性的劳动育人格局。本书采用活页式设计并以二维码的形式配备了丰富的微课资源，纸质教材，可按需拆合，更有利于丰富新产业、新行业的劳动任务和技能活动的内容。

本书由昆明冶金高等专科学校和云南水利水电职业学院联合编写，编者均为长期辛勤耕耘在教学第一线的优秀青年教师，他们当中既有常年奋战在生产实践第一线的优秀领队，也有参与全国技能大赛的优秀教师。本书由卢进、蔡林礼、徐礼超担任主编，谭皓予、吴梦琦、任梓玮担任副主编，参编人员有罗姗姗、戈俪沄、罗辑、李路、胡国顺、李艳平、余良谋、飞俊杰、郭倩倩、刘捷、普欣尧、吴昊、张屹立、浦娟、姜溪。另外，感谢高等教育出版社各位同仁的鼎力支持！

由于时间受限，本书难免有不妥之处，敬请广大读者在使用中批评指正，以使此书更加完善。

《劳动实践教程》编写组

2023年3月

目录

项目一

日常生活劳动

日常生活劳动在本质上是生活教育。它指向自我，也可以将其理解为一种自我服务性的教育活动和生存性教育，旨在提升人的日常生活自理能力。对于大学生而言，日常生活劳动通常指家务劳动、在校打扫卫生等基本劳动，具体任务包括清洁与卫生、整理与收纳、烹饪与营养、家用器具使用与维护等。

日常生活劳动能够降低个体的依赖性，增强个体的家庭责任感、义务感。当日常生活劳动在潜移默化中融为个体生命的一部分时，个体会因为自己能够为父母分担家务劳动而感到自豪，同时在理解责任和义务的过程中获得自我认同。日常生活劳动能够使个体懂得父母的辛苦，在未来的生活中学会关心、体谅他人。日常生活劳动还能够培养个体吃苦耐劳的精神、坚强的意志和坚忍不拔的毅力。世界上没有任何事情能够像日常生活劳动这样繁杂、琐碎、持久。在长期的日常生活劳动中，个体的技能能够在反复的操作中变得熟练起来，能够在成功中找到自信，能够在挫折中受到磨炼，能够在枯燥中学会坚持。日常生活劳动还能够增强个体办事的条理性。

通过日常生活劳动教育，学生一方面能够收获一定的日常生活知识，形成日常生活技能。另一方面，通过带有教育性的生活劳动，学生能够养成良好的生活态度，树立正确的劳动观念，形成良好的劳动习惯，提高生活自理能力，传承人类社会中的“劳动基因”，养成热爱劳动的优秀品质。

活动一　整理寝室内务

活动目标

此项活动以学生寝室为劳动场景，通过学习科学地打扫寝室、收纳物品、整理内务，将劳动教育引入学生日常生活，帮助学生增长生活常识，增强动手能力和自理能力，养成良好的生活习惯，形成空间归纳意识，营造干净、整洁、舒适、文明的寝室环境，提高劳动技能和生活质量。在塑造健康向上精神风貌的同时，以寝室内务的整理术为契机，引导大学生在日常生活中热爱劳动、学会生活、增长才干，思考如何掌握人生的“整理术”。

学时安排

4 学时（课上 2 学时，实践 2 学时）

活动任务

寝室作为大学生在校期间学习、生活、娱乐、休息的重要场所，是同学们的第二个家。活动要求学生在实践中熟练使用打扫寝室卫生的常见劳动工具；掌握打扫寝室的正确步骤；学会折叠衣物和床上用品，按类收纳书籍、衣物、文件等；学会利用收纳工具，增加空间纵向利用率；开动脑筋、集思广益，利用陈列设计、色彩排列等其他综合知识将寝室整理得美观、有创意；在劳动中掌握劳动技巧的同时，学会与他人沟通和互帮互助。

知识准备

微课：
整理寝室内务

（一）寝室打扫的正确步骤

1. 先收纳再打扫

如果寝室的杂物乱摆乱放，就会拖慢打扫的进程，可以先处理掉杂物，让物品各归其位，使之后的打扫进程更顺利。在家庭中可以按照厨房→卧室→客厅→厕所的顺序打扫。

2. 从上往下，从里往外

打扫房间时，可以按照屋顶→墙壁→玻璃→家电或家具→地面的顺序进行。清理抽屉或柜子等家具时，可按照从里往外的顺序。

（二）巧用工具来打扫

1. 用棉质抹布擦拭家具电器

棉抹布或者无纺布抹布柔软、吸水、清洁力强、不掉屑，适合用来擦拭家具电器。大扫除时应勤洗抹布，保证表面无黏湿感和脏污。抹布应该选择浅色，利于查看是否干净。

2. 用海绵清洗餐具

如果用钢丝球清洗餐具、厨具，会造成划痕，海绵柔软、吸水性好，不易刮伤餐具。使用前，可以将海绵在消毒水中浸泡，或者用微波炉消毒 1 ~ 2 分钟，每次使用后洗净晾干。

3. 用旧牙刷刷洗浴室墙壁

浴室空气潮湿，墙砖之间的缝隙容易滋生霉斑。因此，除了用抹布大面积擦拭瓷砖外，还可以使用旧牙刷刷洗墙砖缝隙。

4. 用牙膏清洗杯子里的茶垢

泡茶的陶瓷杯或搪瓷器皿，往往会积一层褐色污垢，很难清除。此时可以用白色牙膏涂在茶渍上，用画圈的方式搓洗后，再用清水冲洗干净即可。

5. 用橡皮擦去除开关上的痕迹

开关上的手印等各种痕迹不易用干布擦拭干净，用湿布擦容易触电，可以用橡皮轻擦，即刻就会干净如新。

6. 去除挂钩或标签的胶痕

方法一：用蘸了花露水的棉花铺在胶痕周围，使其充分渗入缝隙中，等待几分钟，用干布擦拭干净即可。

方法二：商品标签撕掉后残留的部分，可以用风油精涂抹，停留一会儿再用抹布轻轻擦去，即可去除。

方法三：标签还没有撕下来时，用吹风机对准标签，用热风吹 1 分钟左右，就可以轻松撕下标签了。

7. 用柠檬去除水垢

将新鲜柠檬切成两半，用切面使劲擦洗水垢，再用清水冲洗。柠檬的汁液也不要浪费，让淋浴头在其中浸泡一夜，可以有效溶解水垢。

8. 用旧报纸或酒精去除玻璃污渍

可以用废旧报纸擦拭玻璃，如果玻璃上有顽固污渍，可以用白酒擦洗，酒精会在玻璃表面形成保护膜，从而减少玻璃落灰。

（三）收纳整理的原则

整理是一种思维，收纳是其呈现方式。当寝室呈现出干净整洁的状态，温馨与幸福感就会油然而生。

收纳的常用三原则有就近原则、分级原则和分类原则。

1. 就近原则

就近原则是指把经常用到的物品放在随手好取的地方，比如课本、作业本、充电器、卫生纸等就放在书桌上，方便使用。

2. 分级原则

分级原则一般分为四级，下面我们以收纳衣服为例。

第一级收纳：当天所用且暂时不清洗的衣服，挂摆在固定位置；

第二级收纳：睡衣或家居服饰，放在床被一侧；

第三级收纳：已洗净的衣服，晾干后存放于柜子内；

第四级收纳：换季的衣服，存放于收纳箱中，并摆放到不常触碰的位置。

3. 分类原则

分类原则在生活中主要包括以下四类方法。

第一，按物品的用途分类。比如药品集中存放在统一抽屉，调味品放在灶台旁，餐具放在橱柜里。

第二，按照常用和不常用分类。比如指甲刀、小剪刀、针线盒等常用物品集中存放在触手可及的地方，相册、整提的卷纸、囤积的洗化用品放在柜子里。

第三，按照区域进行分类。比如书房内摆放书桌、台灯、书籍、笔墨，厨房内摆放锅碗瓢盆、蔬菜瓜果，卫生间摆放洗护用品、拖把等。

第四，按照家庭成员或集体成员进行分类。在家庭里我们可以把爸爸的工具箱、妈妈的化妆品、孩子的玩具分开收纳。在寝室里，可以把寝室各成员的书籍、生活用品进行分区收纳。

（四）寝室内常用的收纳方法

1. 衣物的收纳

衣服可以按季节、款式和色系进行收纳。按季节分类，换季的衣物收纳入箱，衣柜里只摆放当季的衣物。按款式分类，衣柜的不同位置分为外套类、衬衣类、T 恤类、长裤类、内衣类和袜子类等。如果对颜色有需求，可以按冷暖色系或深浅色系分类。在寝室中，由于每个同学通常只有一个衣柜，多余的衣服可利用行李箱和收纳箱进行辅助收纳。

（1）薄外套的收纳法（图 1-1）。第一步：先将衣服平铺，理顺褶皱，有拉链的外套可以把拉链拉起来，也可以不拉；第二步：将两边的袖子往中间折叠，留出 V 字口，把衣服变成长方形；第三步：下摆往上折一个手掌宽的位置；第四步：领口处往下折，再塞进下摆；第五步：理顺衣服，整理边角，外露的部分可以稍微往里塞一下。

(1) (2) (3) (4)

图 1-1
薄外套收纳

（2）厚外套的收纳法（图 1-2）。第一步：厚外套有拉链或扣子的，先把拉链拉上或扣子扣上；第二步：将衣服下摆向上翻折，露出衣服的反面；第三步：将袖子向中间横向折叠；第四步：将领口部分向下折叠，塞到衣服下摆中；第五步：理顺衣服，整理边角，外露的部分可以稍微往里塞一下。

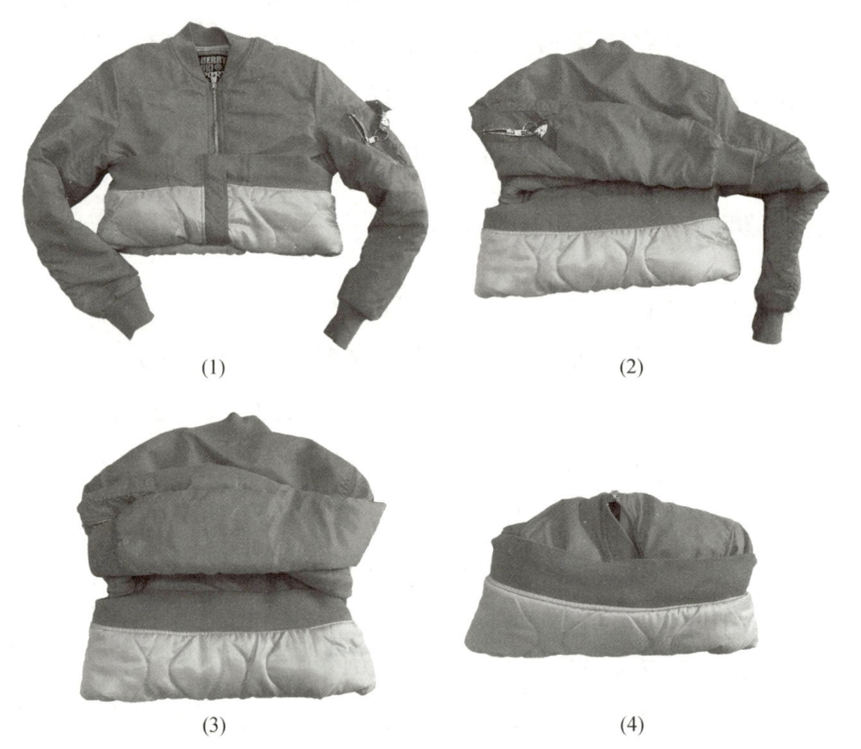

(1) (2) (3) (4)

图 1-2
厚外套收纳

（3）长款羽绒服的收纳法（图 1-3）。第一步：将羽绒服正面平铺，拉好拉链；第二步：将羽绒服分为上中下三个部分；第三步：将衣服下摆从里往外翻折到两侧袖子的连接处；第四步：把两边袖子向中间依次翻折好，把帽子也向下翻折；第五步：将袖子部分向下翻折，挤压一下空气，将这部分衣服塞进衣服下摆里，可根据需要再对折一次；第六步：理顺衣服，整理边角，外露的部分可以稍微往里塞一下。

(1) (2) (3) (4) (5) (6)

图 1–3
长款羽绒服收纳

（4）冬季长大衣的收纳法（图 1–4）。第一步：将大衣的扣子扣上；第二步：将衣服背面朝上，将两侧的袖子向内折叠，把衣服变成长方形；第三步：将衣服下摆处向上折叠，并把大衣的下摆处打开呈一个大大的 V 字形状；第四步：将领口部分向下折叠，塞到衣服下摆中；第五步：将打开呈 V 字边的衣摆合上角，理顺衣服，外露的部分可以稍微往里塞一下。

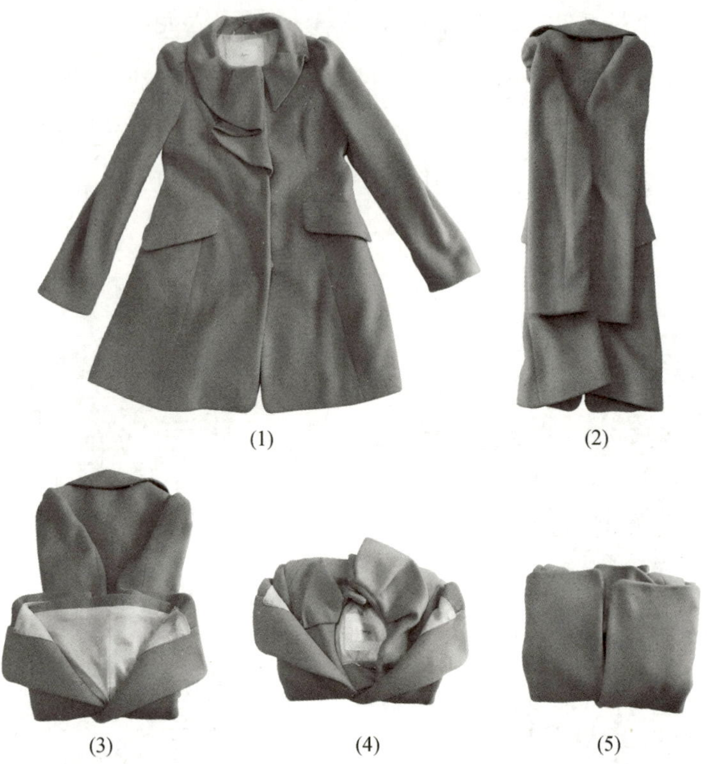

图 1-4
冬季长大衣收纳

（5）带帽毛衣和带帽卫衣的收纳法（图 1-5）。第一步：带帽毛衣和带帽卫衣平铺；第二步：将帽子向下折叠，与袖子的保持在同一水平线上；第三步，将衣服看成三等份，将上面三分之一的衣服向中间折叠，袖子保持一字形态；第四步：将衣服的剩下未折叠的部分向中间折叠，这时衣服成长长的"一"字形；第五步：把两边袖子向中间折叠；第六步：把衣服横向分为三等份，先将右侧向中间对折；第七步：将左侧部分向中间对折后塞进右侧衣服的缝隙中；第八步：理顺衣服，外露的部分可以稍微往里塞一下。

（6）圆领针织衫的收纳法（图 1-6）。第一步：将毛衣和针织衫竖着折叠；第二步：袖子按照衣服的宽度一字型整齐折叠；第三步：上下分为三等份后，先折叠上身部分；第四步：将下身部分向上折叠后，竖着放置；第五步：从上方部分开始卷起来，这一步也可在第二步状态下进行；第六步：折叠成圆筒形，横着或竖着放置。

图 1-5
带帽毛衣和带帽卫衣收纳

（7）长裤的收纳法（图 1-7）。第一步：竖着将裤子折叠，将裤裆部分露出，再对折；第二步：再对折；第三步：裤裆突出的部分叠入内侧，全部折叠好后大约为 28 cm 宽。实际中可以根据衣柜或抽屉的高度来选择不同尺寸的折叠方法。

（8）运动短裤的收纳法（图 1-8）。第一步：竖着折叠一次；第二步：将裤裆突出的部分竖着折叠；第三步：对折；第四步：可根据收纳家具的尺寸进行再次折叠。

（9）背心的收纳法（图 1-9）。第一步：将背心展开，横着对折；第二步：再横着对折一次；第三步：竖着将背心分成三等份，从左向右翻折；第四步：从右向左翻折。

（10）袜子的收纳法（图 1-10）。第一步：将两只袜子叠放，并分为三等份；第二步：将袜子左右各对折一次，将脚尖的部分插入脚踝处。

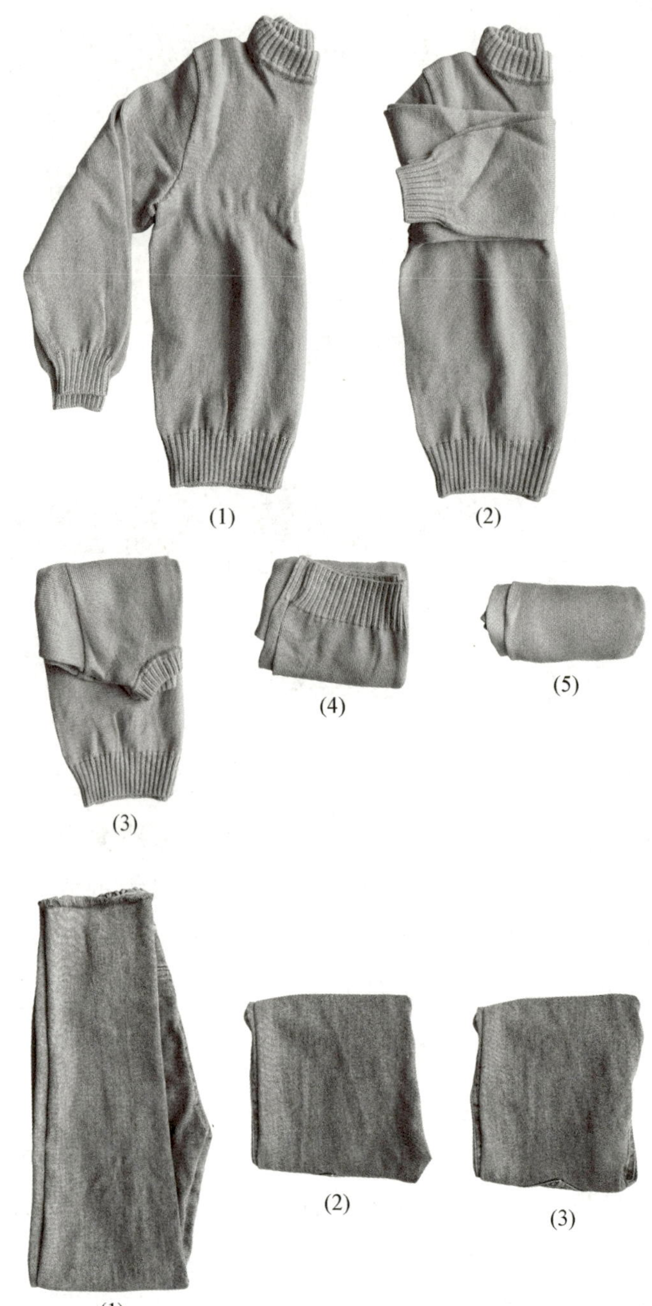

图 1-6
圆领针织衫收纳

图 1-7
长裤收纳

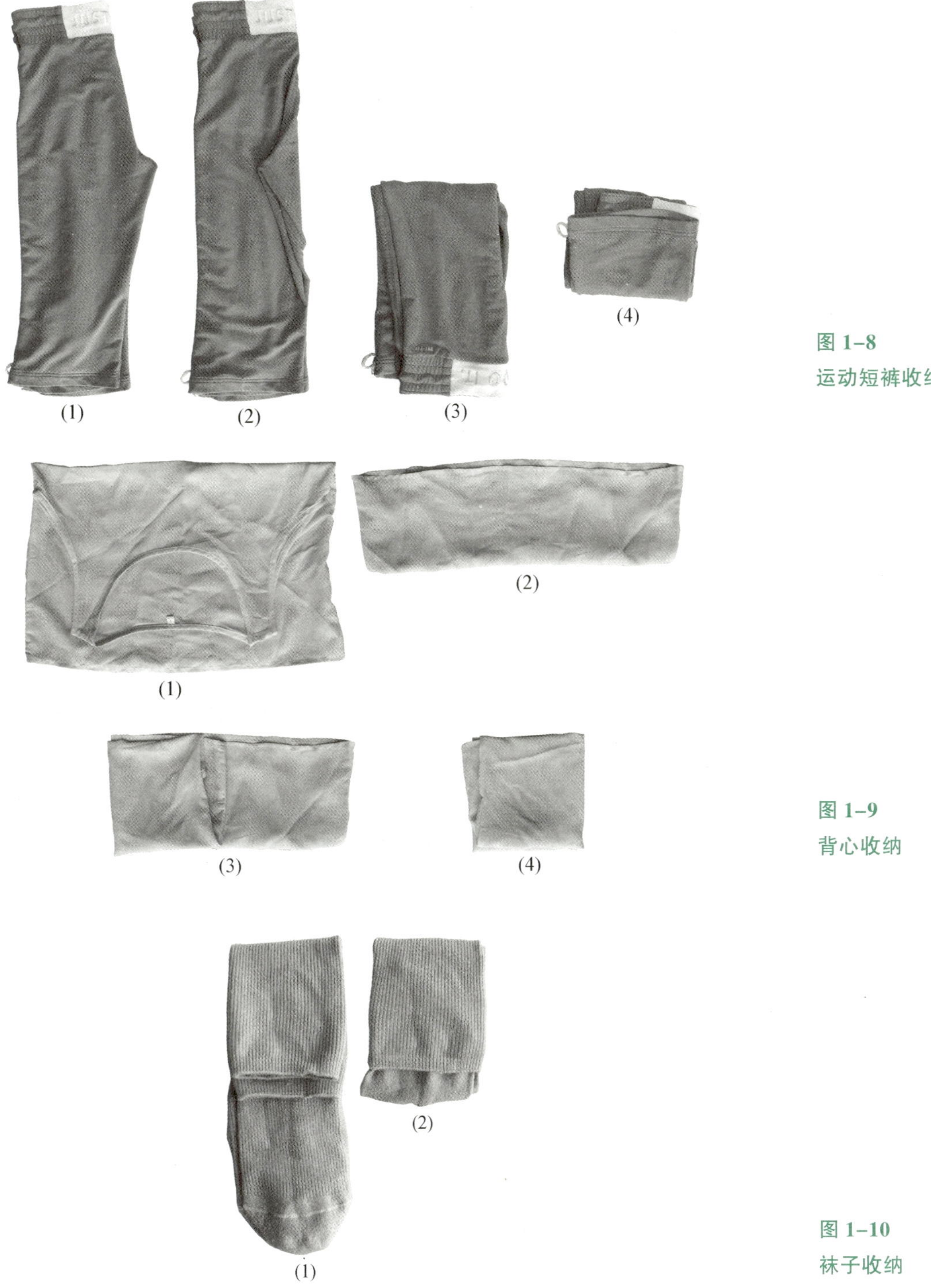

图 1-8
运动短裤收纳

图 1-9
背心收纳

图 1-10
袜子收纳

2. 床上用品的收纳

（1）枕套的收纳法。第一步：将枕套平铺展开；第二步：竖着折叠两次；第三步：竖着再折叠一次；第四步：横着折叠一次。

（2）床单和被套的收纳法。第一步：床单和被套竖着对折后，分为三等份，上部向下部折叠；第二步：下方部分向上折叠；第三步：横着再折叠一次，可根据衣柜的具体尺寸调节折叠尺寸。

（3）床上用品的摆放。先整理不需要的床上用品，如果衣柜的层高太高导致有空间浪费，一定要使用隔断，如衣柜本来的隔断不够，要增加隔断。将相同类别的物品尽量放在同一隔断内，枕套、被套和床单以套为单位等放在相同隔断内，便于寻找和使用。不同季节的被子因为换季时才取用，尽量放在衣柜最高处。

3. 桌面整理

整洁的桌面对学习、工作、用餐都是很重要的。纸巾盒、置物架是桌面整理的好帮手。纸巾盒可以用“免打孔贴”贴在书桌侧面或书柜上面，这样既节省了桌面空间，还方便拿取。分层的置物架既可以增加桌子的使用面积和空间的利用率，还可以对物品分类收纳。

4. 卫生间的收纳

可移动置物架和墙壁置物架也可帮助解决寝室的物品收纳问题。可移动置物架方便打扫卫生，墙壁置物架可以增加空间利用率。

5. 鞋子的收纳

首先，寝室里如果有简易鞋架，可以利用前后错位法和上下错位法进行收纳。前后错位法是把一双鞋的鞋尖用相反的方向平行摆放后进行收纳。上下错位法则是把一双鞋的鞋尖用相反的方向上下摆放后进行收纳。如果没有简易鞋架，也可以利用鞋盒收纳当季不用的鞋子，并放到固定的位置。其次，考虑到拖鞋是每天都要穿的，拖鞋应放在最方便取用的位置。另外，大学生有体育锻炼需求，运动鞋也是常用物品，应该放在方便取用的位置。刚换下的运动鞋应该先放在通风口，异味消除后再拿到寝室内。

6. 护肤品和化妆品的收纳

爱美是人的天性，学生在日常生活中也越来越注重自己的仪表，越来越多的大学生都有护肤和化妆的习惯。护肤品和化妆品散乱地堆在桌子上或扔进抽屉里都不方便日常取用。护肤品较少时可以放在抽屉或桌面的固定位置，也可以和洗漱用品摆放在一起；护肤品和化妆品较多的情况下，可以利用化妆包、化妆收纳盒等进行归类收纳。

7. 书籍的收纳

如果有在寝室看书的习惯，书桌上可以放置专业书籍和经常看的书籍，使我们在书桌前学习时方便拿取。如果你不喜欢将书籍放在寝室的书桌上，也可以按学科或类别进行集中，在分类分区的基础上，设置一个“高频区”，用于放置你经常使用的书籍，这个区域的书籍可以根据你的使用情况定期更新。如果要整理家中较多数量的书籍，一般有以下几种收纳办法。

（1）大书柜的收纳法。可将不常用的书籍按高度进行收纳摆放。将每一层书架分成内外两个区，在靠近里面的位置用物品垫高后，摆放上书籍，摆放在外层的书籍就不会遮挡住内层书籍的名字，查找和取放会变得更轻松。垫高书籍的物品可以是零食盒、用剩下的抽纸硬盒等。

（2）小书柜的收纳法（图 1–11）。书柜小的情况下，将书按高低整理好后放进书柜，这时书籍上方会露出一定的剩余空间，这个空间可以设为“高频区”使用，也可以将一些较小的书籍放在这个区域。

图 1–11
小书柜收纳法

（3）没有书柜的收纳法

没有书柜时，我们可利用旧纸箱或收纳箱对书籍进行收纳整理。首先整理不常用的书籍，按高度或大小码放整齐后放入纸箱中最底层，偶尔需要翻看的书籍放在纸箱或收纳箱上层，并在书桌上设置“高频区”，摆放最近需要使用的书籍。

8. 利用寝室不同空间位置进行收纳的方法

（1）寝室入口处可用来收纳雨伞、书包等；

（2）床位下方可用于收纳行李箱、收纳箱等；

（3）阳台用来收纳洗漱用具、卫生工具等；

（4）书桌空间用来收纳书籍、笔墨纸张等；

（5）卫生间用来收纳洗浴用品等。

（五）注意事项

（1）在寝室中不使用大功率电器、不私拉乱接电源及使用明火。

（2）参加打扫的人员须遵守劳动纪律，确保打扫有序进行。

（3）打扫墙面、玻璃、镜面时注意安全，以免伤到自己。

（4）教室、寝室人员相对密集，要按照指导教师要求有序排队，防止发生拥挤踩踏伤害事件。

（5）清洁打扫过程中，要避免清洁物品割伤划伤、地面水迹造成滑倒等事故。

（6）注重保管好个人贵重物品，注重防火、防盗等安全事项，发现寝室安全隐患或物品损坏及时报备或报修。

实践开展

（一）活动工具准备

（1）打扫类：扫帚、簸箕、拖把、水桶、抹布、海绵、清洁刷、旧牙刷、清洁剂、旧报纸。

（2）衣物类：外衣、毛衣、长裤、短裤、内衣、袜子。

（3）收纳类：分层收纳盒、可移动置物架、零食盒、用剩的抽纸硬盒。

（4）防疫类：口罩、免洗消毒液、酒精等。

（二）活动前准备

（1）打扫前 5 ~ 10 分钟，请教师对本次大扫除进行明确分工，要求人人参与，做到分工合作，责任到人。教师需提前对学生进行有关卫生打扫的安全教育，避免安全事故发生。

（2）准备好劳动工具，如需更换需提前安排。

（三）活动中要求

（1）到达实践场地要主动找团队负责人签到。

（2）听从团队负责人的安排。

（3）实践时手机关闭或静音，不要在室内接打电话或发短信。

（4）实践分工不分家，活动中要互帮互助、团结协作，共同协助活动顺利开展。

（5）若遇突发情况需要提前离开，务必主动联系负责人，并做好工作交接。

（6）实践结束主动联系负责人，由负责人发出解散指令。

（四）课堂实践演练

请同学们每 4 ~ 6 人为一组。每组同学轮流完成以下演练，每完成一项告知指导教师，指导教师基于每一项工作对组员进行评分，评分完成后，同学将物品恢复无序状态，方便下一组同学进行实践。每组完成所有项目，且评分均在合格以上，实践才算完成，有一项或多项没有完成或评分不合格，学生需重复完成演练项目，直至合格。

◆ **演练情景 1:** 整理桌上杂乱摆放着的水杯、书本、笔、化妆品、抽纸,以及桌子下面放着的运动鞋。

温馨提示:通过海绵和洗涤剂将水杯洗干净后放到指定位置,将桌子上的书籍按学科分类,如果对颜色有要求,也可以将书籍按颜色分类后放进书包、抽屉或桌面放书的位置,将笔收进文具盒或书包,将化妆品放进分层收纳盒,用立体胶贴在桌子侧面或上面,将抽纸盒贴在立体胶上,既方便使用,又节约桌面空间,将桌下的运动鞋放到简易鞋架或床下。在收纳过程中,可以发挥自己的创意,将桌子整理得更美观实用。

◆ **演练情景 2:** 拆下应换洗的被套、枕套和床单,换上洗净的被套、枕套和床单,将干净的床单折叠好收纳进衣柜。

温馨提示:先把被套、枕套和床单拆下来,按收纳方法折叠好,放入衣柜;再将洗净的床上用品取出,打开床单铺床,将枕套和被套套回原来的被子、枕头上。

◆ **演练情景 3:** 整理床上堆着的外衣、毛衣、长裤、运动裤、内衣内裤、袜子。

温馨提示:把床上的外衣、毛衣、长裤、运动裤、内衣内裤、袜子依次折叠好,用自己的巧思对衣柜进行空间设计,把折叠好的衣物放到衣柜中。在摆放中要按照美观、方便寻找等原则进行收纳。

◆ **演练情景 4:** 床下堆着一箱书籍,请用双层收纳法并设置"高频区"进行收纳,将多余的书籍放进纸箱中。

温馨提示:整理书籍时,可用零食盒与抽纸硬盒来模拟收纳书柜时的前后两层收纳的办法。将不常用的书籍按高度进行集中整理,不常用的书籍放内层,常用书籍放外层;设置一个"高频区",用于放置"经常使用的书籍",多余的书籍按相应的收纳原则放进纸箱中。

◆ **演练情景 5:** 洗漱用品、香皂肥皂、沐浴露、洗发水、面盆杂乱地放在阳台上,洗漱台上没有可以洗衣服的空间,请对盥洗区进行收纳。

温馨提示：可以把每个人的面盆先分开，面盆里放着每个人的洗漱用品等。如果物品过多，分层收纳架和可移动置物架就可以派上用场。在盥洗台侧面用“免打孔贴”把分层收纳架贴上，充分利用墙面空间，扩大洗漱台的空间使用面积。可移动置物架可以摆放每个人的面盆，节约阳台空间。在卫生间的墙体上也可以用“免打孔贴”装置分层收纳架，用于摆放洗澡时会用到的物品。

◆ **演练情景6**：在完成收纳整理后，开始对寝室、阳台、卫生间、浴室进行打扫。

温馨提示：用抹布擦掉桌子、门窗和玻璃上的灰尘。水渍干后，如果玻璃看上去仍然灰蒙蒙的，也可以用废旧报纸擦拭玻璃；玻璃上有顽固污渍，可用酒精擦洗，酒精会在玻璃表面形成保护膜，减少玻璃落灰。完成这些工作后我们可以用扫把依次打扫寝室、阳台、卫生间和浴室。

◆ **演练情景7**：设计创意（根据个人或团队兴趣，选择性完成）。

温馨提示：同学们可根据自己的兴趣，打造出有鲜明风格的寝室文化，要求主题突出、健康向上，布置简洁、巧妙，不破坏墙面。

课外实践

根据学到的知识与方法，同学们回到家后，请对家中做一次整体收纳和大扫除。对家中所有空间如玄关、客厅、餐厅、厨房、卧室、阳台、书房、卫生间等进行整体规划收纳和打扫。把家中的衣物、物品等按家庭成员、使用频率、就近原则等进行分类收纳。课堂实践活动结束后，请主动与负责人或其他团队成员进行交流反馈，总结自己在活动中的表现和体会，并填写你的劳动实践记录卡和劳动实践评价表。

劳动实践记录卡

姓名		所属学院		行政班级	
学号		实践主题		小组名称	
活动时间		小组成员			
活动目标					

活动过程	完成 / 未完成
实践情景 1：整理桌上杂乱摆放着的水杯、书本、笔、化妆品、抽纸，以及桌子下面放着的运动鞋	
实践情景 2：拆下应换洗的被套、枕套和床单，换上洗净的被套、枕套和床单，将干净的床单折叠好收纳进衣柜	
实践情景 3：整理床上堆着的外衣、毛衣、长裤、运动裤、内衣内裤、袜子	
实践情景 4：床下堆着一箱书籍，请用双层收纳法并设置“高频区”进行收纳，将多余的书籍放进纸箱中	
实践情景 5：洗漱用品、香皂肥皂、沐浴露、洗发水、面盆杂乱地放在阳台上，洗漱台上没有可以洗衣服的空间，请对盥洗区进行收纳	
实践情景 6：在完成收纳整理后，开始对寝室、阳台、卫生间、浴室进行打扫	
实践情景 7：设计创意（根据个人或团队兴趣，选择性完成）	

续表

<table>
<tr><td>活动留影</td><td colspan="5"></td></tr>
<tr><td>活动中发现的问题</td><td colspan="5"></td></tr>
<tr><td>我存在的不足</td><td colspan="5"></td></tr>
<tr><td rowspan="4">活动收获</td><td colspan="5">知识技能</td></tr>
<tr><td colspan="5"></td></tr>
<tr><td colspan="5">劳动价值观</td></tr>
<tr><td colspan="5"></td></tr>
<tr><td>自我评价</td><td></td><td>活动小组长签字</td><td></td><td>学业导师签字</td><td></td></tr>
<tr><td>备注</td><td colspan="5"></td></tr>
</table>

劳动实践评价表

评级指标	二级指标	评价标准与分值（每个二级指标只选一项对应评价标准）		评分
知识与能力 0.4	学习实践主动性 0.2	对本课程的学习主动性强、积极参加实践，并能进行知识扩展	20	
		乐于学习课程内容，可掌握知识技能并主动参加实践	15	
		学习课程主动性不强，但可以掌握所需知识并基本完成实践	10	
		被动学习与实践	5	
	创新与设计意识 0.1	创新意识很好，对寝室空间利用、物品陈列、寝室文化与风格有设计意识	10	
		创新意识良好，寝室内务干净、整洁	8	
		创新意识一般，在质量控制方面有缺陷记录	5	
		缺乏创新意识，有违反要求现象	2	
	沟通能力 0.1	良好的沟通能力，与同学和本团队成员建立了非常好的关系	10	
		与同学有良好的关系，有问题时及时询问	8	
		有沟通愿望，但沟通方式方法还需提高	5	
		沟通不积极主动，只在被询问时给予回答	2	
过程与方法 0.3	实践活动出勤情况 0.1	按时出勤	10	
		迟到或早退	5	
		缺勤	0	

续表

评级指标	二级指标	评价标准与分值（每个二级指标只选一项对应评价标准）		评分
过程与方法 0.3	实践方法有效性 0.1	独立动手能力强，实践过程规范，细致耐心，超过预定目标	10	
		实践过程规范，细致耐心，达到预定目标	8	
		实践过程正确，达到预定目标	5	
		无法完成	0	
	参观互评 0.1	寝室十分干净整洁	10	
		寝室干净整洁	8	
		寝室整洁，个别物品摆放凌乱	5	
		寝室不太整洁，私人空间尚可，公共空间凌乱	2	
劳动态度、情感与价值观 0.3	责任感 0.1	对私人空间及寝室整体的内务整理有责任感，主动承担各项工作	10	
		对私人空间及寝室整体的内务整理有责任感	8	
		只关注私人空间的内务整理，不愿承担寝室整体的整理责任	5	
		不愿承担私人空间及寝室整体的内务整理责任	0	
	团队合作表现 0.1	良好的团队精神，乐于与伙伴共同解决问题	10	
		良好的团队精神，与伙伴融洽相处	8	
		有团队合作意识，只在推动下才能帮助别人	5	
		缺乏合作意识，与伙伴的合作效果不佳	2	

续表

评级指标	二级指标	评价标准与分值（每个二级指标只选一项对应评价标准）		评分
劳动态度、情感与价值观 0.3	安全意识 0.1	很强的安全意识，注重保管个人物品，对发现的不合理或不安全的行为可以提出建议，可主动排查寝室安全隐患，物品损坏主动报修	10	
		良好的安全意识，注重保管个人物品，拒绝不安全行为，遵守安全规定	8	
		具备安全意识，可保管个人物品，但有忽视安全的情况，在提示下可以很快纠正错误	5	
		具备初级安全意识，但不注重保管个人物品，有忽略安全的现象	2	
			合计	

活动二 班级大扫除

活动目标

此项活动以教室为劳动场景，是学生参与校园日常生活劳动的重要内容。活动要求参与志愿服务的学生在实践中树立正确的服务观念，培养积极的服务意识，及时清理教室卫生，保持室内整洁。“一屋不扫，何以扫天下”，将班级大扫除作为劳动教育的一个环节，在力所能及的劳动中培养学生良好的生活习惯，提高学生参与劳动的积极性，体会劳动的价值，让优秀成为一种习惯。

学时安排

4 学时（课上 2 学时，实践 2 学时）

活动任务

校园是学生日常生活的场所，优美的校园环境关系着师生的身心健康。通过本次活动，学生应了解关于校园保洁的基本知识，掌握相关劳动工具的使用方法、明确劳动步骤，了解劳动范围及所需达到的效果，完成打扫讲台、整理电教柜、摆放桌椅、扫地、拖地、擦窗子、垃圾处理、整理劳动工具等操作步骤。最终做到教室无卫生死角，干净整洁，窗明几净，营造一个文明、卫生、安全、舒适的学习环境。

知识准备

微课：
班级大扫除

（一）班级大扫除的内容

班级大扫除包括打扫讲台、整理电教柜、擦窗子、扫地、拖地、摆放桌椅、垃圾处理、整理劳动工具等操作步骤，按以下劳动顺序开展。

1. 打扫讲台

学生首先需要用黑板擦或者软硬适中的干抹布将黑板擦干净；然后整理粉笔槽内的粉笔，将可以继续使用的粉笔放到粉笔盒内；接下来，将粉笔槽内的废弃物打扫干净，用抹布将粉笔槽擦拭干净；还需要将黑板擦的粉笔灰弄干净，为第二天的教学活动做好准备；黑板和粉笔槽打扫干净后，再将落到讲台地面上的灰尘打扫干净。

2. 整理电教柜

先将电教柜中的物品摆放回原位，顺便检查物品是否齐全。检查遥控笔能否使用，如果不能使用需及时更换电池，以免影响上课的正常使用。将电教柜中的杂物移出，放到合适的位置。用干净的抹布将电教柜擦拭干净。

3. 擦窗子

将抹布清洗干净并拧干，将教室窗户位于教室内的一面擦拭干净。对于借助工具可到达的稍高位置，在保证站立位置安全的情况下可以适当爬高打扫。湿抹布擦拭后用干抹布将水渍擦干净。特别提醒，不得以任何借口攀爬到窗子外侧，杜绝一切安全隐患。

4. 扫地、拖地

清扫、清拖教室内、教室外走道等场所。将学生活动区域的物品摆放到规定的位置。将可回收的垃圾收集整理在一边，其他垃圾用扫把清扫干净，倒入垃圾桶。把拖把放到卫生间涮洗池涮洗干净，拧干水分，把教室和走道的地面拖干净。

5. 摆放桌椅

学生放学后需将自己的课桌整理干净，做到桌面和抽屉内都不留杂物。参加大扫除的同学需将抽屉内的垃圾清理出来，将可回收的垃圾（如矿泉水瓶、废纸等）收集整理，将其他垃圾打扫倒进垃圾桶。将桌椅按“横平竖直”的要求摆放整齐。最后，用干净的抹布将桌面、椅面擦拭干净。

6. 垃圾处理

将收集好的废纸和纸板理整齐、捆扎好，以便后期回收。收集的矿泉水瓶内没喝完的水可用于浇花。空矿泉水瓶踩扁、用袋子装好，便于后期回收。其余的垃圾集中放到垃圾桶中，将垃圾桶里的垃圾带到教学楼外垃圾回收房倾倒。

7. 整理劳动工具

劳动结束后，将抹布、拖把、水桶清洗干净，并放到指定位置晾晒。将垃圾桶、扫把、撮箕、火钳等劳动工具整齐地放回卫生角。

（二）班级大扫除的技巧

1. 擦黑板

用黑板擦擦干净粉笔字后，用干净的湿毛巾擦一遍，如果一遍擦不干净就再用干净毛巾擦第二遍。用湿毛巾擦过后，用旧报纸揉成团，在没干的黑板上擦拭，直到把水分擦干即可。

2. 扫地

扫地前最好洒点水，避免扬尘。扫的时候注意方向，小块地面往中心扫；大块地面可以采用“画平行线”的方式将垃圾扫至一边，再归到一起统一清理。可利用扫帚下边的高粱头或竹条将纸屑或落叶揭起；遇到果汁、酱汁、痰液或其他黏稠液体，可以先撒点沙，将液体包裹后再扫。

3. 拖地

清洁地面时一般先扫后拖，这样可以最大限度地将地面清洁干净。当然,如果地面本身较干净,也可以直接拖地。

4. 擦玻璃

清洁玻璃时先把灰尘去除,之后再用干净的湿布沾上一些白醋或酒精,将玻璃再擦一遍。

5. 擦拭桌椅

第一遍可先用清水擦洗桌面、家具等,第二遍时,在清水里面加入一些柔顺剂,此时再擦拭桌面等就会发现上面不容易再沾灰尘,而且清洁效果非常好。

(三)班级大扫除的要求

各个地方的打扫都应到位,做到干净、整洁,不留卫生死角。

(1)将各班内的暖气片、地面瓷砖、讲台、书柜、桌椅用抹布擦干净,做到讲桌内微机无灰尘,教具摆放有序,黑板擦拭干净,黑板槽内无灰尘。

(2)将教室前后门、门把手、窗玻璃、窗框擦干净。

(3)教室内桌椅摆放整齐,抽屉内无杂物,墙壁干净无灰尘。

(4)教室内灯罩、饮水机、班级储物柜洁净,图书角、卫生角物品摆放整齐、有序。

(5)教室及专用教室对应的文明标语必须擦干净,擦的过程中不要把脏点溅到墙上。

(6)教室内墙壁无蜘蛛网、灰尘、污迹、污印。

(7)垃圾桶清理干净,桶身及桶面无灰尘。

(8)地面干净,无纸屑等杂物,最后用拖布拖干净。

(四)注意事项

(1)打扫时注意水的合理使用,避免抛洒滴漏、水流满地,造成楼梯过道湿滑,带来不安全因素。

(2)需要登高打扫卫生、取放物品时,要请他人加以保护,注意防止摔伤。不允许从上方投掷或乱放工具，防止掉落砸伤他人。

（3）清扫带电设备及灯罩时，在擦拭前先关闭电源。

（4）擦玻璃时一定要小心，禁止站在窗台外，手要随时把住窗框。

（5）加强卫生意识，重视教室日常保洁。

实践开展

（一）活动工具准备

扫帚、撮箕、抹布、拖把、黑板擦、垃圾桶、火钳、水桶、绳子。

（二）活动前准备

（1）打扫前5～10分钟，请教师对本次大扫除进行明确分工，要求人人参与，做到分工合作、责任到人。教师需提前对学生进行有关卫生打扫的安全教育，避免安全事故发生。

（2）准备好劳动工具，如需更换需提前安排。

（三）活动中要求

（1）擦窗户时不要爬太高，特别是外墙的窗户，不要垫着椅子、桌子或爬上窗台去擦。

（2）不要用湿抹布擦拭开关、插头，以免触电。

（3）扫地、搬桌时注意不要磕伤、碰伤。

（4）打扫时不要追逐打闹。

（5）劳动中注意分工协作，遇到问题及时沟通。

（四）课堂实践演练

请同学们每2～3人为一组。课堂上每组分别在教室进行实践演练，选择完成打扫讲台、整理电教柜、摆放桌椅、扫地、拖地、擦窗子、垃圾处理等劳动内容，将所学劳动技巧知识内化，提升知识运用能力。

◆ **演练情景 1**：打扫讲台。

用黑板擦或者软硬适中的干抹布擦黑板；整理粉笔槽内的粉笔，将可以继续使用的粉笔放到粉笔盒内；将粉笔槽内的废弃物打扫干净，用抹布将粉笔槽擦拭干净，随后将落到讲台地面上的灰尘打扫干净。

温馨提示：要分工明确，团队协作。注意可用粉笔的回收，避免造成浪费。不要用湿抹布擦拭开关、插头，以免触电。

◆ **演练情景 2**：整理电教柜。

将电教柜中的物品摆放回原位，顺便检查物品是否齐全；检查遥控笔的电量，如果发现电量不够就及时更换电池，以免影响上课的正常使用；将电教柜中的杂物移出，放到合适的位置。用干净的抹布将电教柜擦拭干净。

温馨提示：注意废旧电池的分类回收。不要用湿抹布擦拭开关、插头，以免触电。

◆ **演练情景 3**：摆放桌椅。

下课离开教室前将自己的课桌整理干净，做到桌面和抽屉内都不留杂物；将垃圾桶内的可回收垃圾（如矿泉水瓶、废纸等）收集整理；将其他垃圾打扫放进垃圾桶；将桌椅按"横平竖直"的要求摆放整齐；最后，用干净的抹布将桌面、椅面擦拭干净。

温馨提示：注意可回收垃圾的分类整理。摆放桌椅过程中要注意安全，以防磕伤、碰伤。学生离开教室时，应将自己的贵重物品带走。

◆ **演练情景 4**：扫地、拖地。

将教室内、教室外走道等区域的物品摆放到规定的位置；把拖把放到卫生间涮洗池涮洗干净，拧干水分；把教室和走道的地面拖干净。

温馨提示：要分工明确，团队协作，科学使用劳动工具，并注意提醒过路人员小心地滑。

◆ **演练情景 5:** 擦窗子。

将抹布清洗干净并拧干,将教室窗户位于教室内的一面擦拭干净。对于借助工具可到达的稍高位置,在保证站立位置安全的情况下可以适当爬高打扫。用湿抹布擦拭玻璃后,再用干抹布将水渍擦干净。

如果有同学为了把高处的窗子擦拭干净攀爬到窗台之上,并探身到窗子外侧,其他同学发现后应立刻上前扶稳该同学,并告诉该同学注意安全,让其立刻从窗台上下来。

温馨提示:擦窗户时不要爬太高,特别是外墙的窗户,不要垫着椅子、桌子或爬上窗台去擦。

◆ **演练情景 6:** 垃圾处理。

将收集好的废纸和纸板理整齐、捆扎好,以便后期回收利用;收集的矿泉水瓶内没喝完的水可用于浇花;将空矿泉水瓶踩扁、用袋子装好,便于后期回收;其余的垃圾集中扔到垃圾桶中,将垃圾桶里的垃圾带到教学楼外垃圾回收房倾倒。

温馨提示:注意垃圾分类,合理回收资源,变废为宝,牢固树立可持续发展的价值观。

◆ **演练情景 7:** 摆放劳动工具。

劳动结束后,将抹布、拖把、水桶清洗干净,并放到指定位置晾晒;垃圾桶、扫把、撮箕、火钳等劳动工具整齐地放回卫生角。

温馨提示:合理使用劳动工具,科学整理、存放劳动工具。

课外实践

通过学习,我们学习并掌握了班级大扫除的内容、要求和一些常用小技巧,并在课堂上进行了演练。现在,请同学们积极参与到班级大扫除活动中,主动与负责人或其他团队成员进行交流反馈,总结自己在活动中的表现和体会,并填写你的劳动实践记录卡和劳动实践评价表。

劳动实践记录卡

姓名		所属学院		行政班级	
活动主题				活动时间	
小组名称		小组成员			
活动目标					
活动过程					
活动留影					
活动中发现的问题					
我存在的不足					

续表

<table>
<tr><td rowspan="4">活动收获</td><td colspan="6">知识技能</td></tr>
<tr><td colspan="6"></td></tr>
<tr><td colspan="6">劳动价值观</td></tr>
<tr><td colspan="6"></td></tr>
<tr><td>自我评价</td><td></td><td>活动小组长签字</td><td></td><td>学业导师签字</td><td></td><td></td></tr>
<tr><td>备注</td><td colspan="6"></td></tr>
</table>

劳动实践评价表

评级指标	二级指标	评价标准与分值		评分
知识与能力 0.4	劳动工具的使用 0.2	在班级大扫除过程中能正确、有效地使用每一种劳动工具，完成工作任务	20	
		在班级大扫除过程中能正确、有效地使用多种劳动工具，且乐于学习使用新的劳动工具，能掌握并实际运用	15	
		在班级大扫除中能正确、有效地使用多种劳动工具	10	
		不能正确使用劳动工具，且学习与工作被动	5	

续表

评级指标	二级指标	评价标准与分值		评分
知识与能力 0.4	劳动成果 0.1	地面整洁、黑板干净、电教柜配件齐全、桌椅摆放整齐、所有台面无粉尘、窗子教室一侧的玻璃无尘、垃圾倾倒干净	10	
		地面无垃圾、黑板干净、电教柜比较整洁、桌椅摆放较整齐、桌椅窗子擦拭较干净，垃圾桶内垃圾较少	8	
		地面、黑板、电教柜、桌椅、窗子、垃圾桶内垃圾有 1～2 项处理不到位，且能配合完善	5	
		地面、黑板、电教柜、窗子、桌椅、垃圾有 2 项以上未按要求处理到位	2	
	劳动工具的整理 0.1	拖把、抹布、水桶清洗干净，且放到规定地方晾晒；扫帚、撮箕、垃圾桶、火钳在卫生角摆放整齐	10	
		劳动角内劳动工具清洁干净、摆放整齐有序	8	
		劳动工具摆放不整齐，但能积极配合整理	5	
		劳动工具摆放不整齐，且不积极配合整理	2	
过程与方法 0.3	实践活动出勤情况 0.1	按时出勤	10	
		迟到或早退	5	
		缺勤	0	

续表

评级指标	二级指标	评价标准与分值		评分
过程与方法 0.3	实践方法的有效性 0.1	实际劳技操作规范，参与劳动全过程，工作细致耐心	10	
		完成项目结果明确、过程正确，基本达到预定目标	5	
		无法完成操作	0	
	处理可回收垃圾 0.1	设置有可回收垃圾角，能将可回收垃圾收集、整理、摆放整齐	10	
		能够识别、分类可回收垃圾	5	
		不会进行可回收垃圾分类	0	
劳动态度、情感与价值观 0.3	责任感 0.1	对自身工作及团队工作具有责任感	10	
		对自身岗位有责任感，在提醒下能提升团队责任感	8	
		只关注自身工作并且不愿扩大责任范围	5	
		不愿承担责任，将自己的任务转移给他人	0	
	团队合作表现 0.1	良好的团队精神，乐于与同学共同解决问题	10	
		良好的团队精神，与同学融洽相处	8	
		有团队合作意识，只有在推动下才能帮助别人	5	
		缺乏合作意识，与同学的合作效果不佳	2	

续表

评级指标	二级指标	评价标准与分值		评分
劳动态度、情感与价值观 0.3	安全意识 0.1	安全意识强，对存在安全隐患的行为能及时提醒，对不合理或违反安全规定行为可以提出建议	10	
		良好的安全意识，遵循相关安全规定，拒绝不安全行为，遵守安全规定，日常工作中无安全错误	8	
		具备安全意识，但有轻微违反安全规定的情况，在提示下可以很快纠正错误	5	
		具备初级安全意识，有忽略安全保护的现象，提醒后能纠正危险行为，但不够主动及时	2	
合计				

活动三　参与校园保洁

活动目标

此项活动以校园公共设施、环境为劳动场景，是学生自觉接受学校工作安排、管理、令行禁止，遵守劳动卫生和工作纪律，服务校园生活的实践内容之一。活动要求参与劳动的学生在实践中树立劳动最光荣、劳动最崇高、劳动最伟大、劳动最美丽的信念，爱岗敬业、忠于职守，在实践中培养主人翁意识，吃苦耐劳，文明服务，全心全意做好本职工作，感受劳动带来的收获和乐趣，形成尊重劳动、热爱劳动、珍惜劳动成果的真情感，激发学生在未来学习生活中努力奋进、自主追求梦想的勇气。

学时安排

4 学时（课上 2 学时，实践 2 学时）

活动任务

校园是学生日常生活的场所，优美的校园环境关系着师生的身心健康。通过本次活动，学生应了解关于校园保洁的基本知识，熟悉各类校园保洁的常规操作流程，熟悉校园保洁的工作标准和要求，掌握校园常见保洁劳动工具的使用方法及安全操作，能够服从学校统一指挥，热爱所分配的工作岗位，认真完成工作任务，通过双手改变和创造自己的生活，为自己和他人创造一个清洁、美观、舒适、优美的学习和生活环境。

知识准备

（一）了解校园保洁

1. 保洁的概念

保洁一词从字面上来讲分为两部分，第一是指清洁，打扫卫生，使区域内的各种设施、设备一尘不染、光洁明亮；第二是指保持清洁并使区域内的各种设施、设备处于正常运转的状态。所以，清洁和保养是一对不可分割的组合，其前提是不能损伤被清洁的本体，包括本体的表面。通俗地讲就是采用相应的工具、材料，通过相应的方式、方法，清理、清除污染物，使被清洁的本体保持或恢复本来的面貌，同时创造干净整洁的生活、工作、学习环境，达到被清洁对象的保值、增值。

2. 校园保洁的分类

校园保洁分为教学区保洁、生活区保洁、公共场所及道路保洁、卫生间保洁等。

（1）教学区保洁。指利用劳动工具清扫拖抹室内走廊、楼梯基石及电梯间垃圾、杂物，并巡回保洁；用专用清洁剂处理地面污渍、油渍；用抹布清抹楼梯扶手、防火门；每日按指定时间倾倒垃圾桶内垃圾，及时更换垃圾袋；清抹楼梯间指示牌、消防栓；按时间要求使用玻璃保洁工具，如专用的玻璃保洁保养剂对玻璃门全面刮洗，发现有硬性污迹，用铲刀铲除；必要时冲洗外围的地面，用消毒液喷杀消毒等。

（2）生活区保洁。指利用劳动工具及时清扫地面、死角位和边角位的垃圾、杂物；用毛巾配合清洁剂及时处理地面污迹；及时处理地面水渍；清扫基石及梯级上的垃圾、杂物，拖抹消防楼梯；用抹布清抹消防楼梯扶手、防火门；用广场扫清扫外围广场、运动场地面垃圾、纸屑、烟头，用地板铲刀清除地面口香糖；及时清除外围广场积水；清倒垃圾箱内垃圾，擦拭垃圾箱；每日按指定时间清倒两次垃圾桶内垃圾，及时更换垃圾袋；必要时冲洗外围的地面，用消毒液喷洒消毒等。

（3）公共场所及道路保洁。指利用广场扫清扫校区道路地面垃圾、纸屑、烟头；用铲刀清除地面口香糖等胶类物质，并巡回保洁；及时清除道路积水，清理排洪渠和排洪沟淤泥、垃圾；必要时用高压水枪冲洗道路地面；清扫绿化带内的垃圾、纸屑、烟头和落叶等；巡回检查并修剪绿化内的枯草烂叶；清理垃圾箱，并冲洗和用消毒液喷杀消毒等。

（4）卫生间保洁。指利用劳动工具清洗蹲厕，拖抹地面，并巡回保洁；擦抹卫生间低位墙身；洗手盆巡回保洁；擦抹窗台、窗轨、隔墙板面、低位设施等；清倒厕纸篓等。

（二）校园保洁的目标

（1）整治校园“三乱”（即乱放、乱丢、乱涂）现象，还校园一个清洁、幽雅、有序、美丽的环境。

（2）落实校园卫生工作责任制，实行“谁主管，谁负责”的原则，按时将校园公共场所的卫生打扫好、维护好、保持好。

（3）强化学生自治管理，分层次、多层面组建学生校园环境宣传、维护、监督组织，形成监督管理网络。

（4）推行“扫、拖、抹、捡，清洁校园每一角；爱、帮、礼、谦，文明校园每一天”，让更多的同学参与到校园环境卫生综合治理活动中，营造文明校园。

（三）校园保洁基本要求

1. 办公室保洁卫生要求

（1）地面：干净、无灰尘、无污迹。

（2）门窗、灯、电扇以及空调等：明亮、干净、无灰尘，无出现故障长期没有维护的现象；门窗无乱张贴现象，窗台无杂物。

（3）窗帘：干净整洁，按照学校要求统一悬挂。

（4）墙壁：干净、无灰尘、无蜘蛛网等，除统一规定的制度张贴外，不得乱贴、乱挂东西。

（5）作业本、讲义、教具等：摆放整齐，无乱堆放现象。

（6）办公桌椅：必须按照统一要求在指定的位置摆放；桌面必须干净整洁，无多余的书籍、纸张等杂物，桌底无堆放杂物；须做到堆放整齐；人不在办公室时，所在的椅子须归位，整个办公室没有人在的时候，门窗要上锁。

（7）办公室卫生工具按照统一要求摆放在指定位置，垃圾桶等保持干净并天天清理。

（8）办公室的走廊、护栏及台面保持清洁。

2. 教室和教室外走廊保洁区卫生要求

（1）地面：干净、无灰尘无污迹。

（2）门窗、灯、电扇、空调：明亮、干净、无灰尘，无出现故障长期没有维护的现象；门窗无乱张贴现象，窗台无杂物。

（3）窗帘：干净整洁、按学校要求统一悬挂。

（4）墙壁：干净、无灰尘、无蜘蛛网等。

（5）除规范的学习园地、制度外，一律不得乱贴乱挂，力求教室整洁美观。

（6）按统一要求，在指定位置悬挂学校统一制作的规章制度。

（7）张贴的口号符合素质教育要求，美观、大方、有激励性，能体现浓郁的班级文化氛围。

（8）学习课桌椅须干净整洁，无乱放书籍、纸张等杂物。

（9）劳动工具须整齐摆放在指定位置。

（10）教室的所有用品必须干净、无灰尘、统一摆放，教室走廊外的小花坛上无垃圾。

（11）讲台上的物品摆放整齐，教室内多余的椅子摆放整齐，教室走廊的墙壁上无乱张贴现象。

（12）黑板每天放学时擦干净，黑板槽内及地面无粉笔灰。

（13）教室内各宣传板外框干净无灰尘。

3. 寝室及走廊清洁卫生要求

（1）地面、走廊：清洁干净，没有泥沙、纸屑，无污迹、无杂物。

（2）门窗、灯、电扇：明亮、干净、无灰尘，门窗无乱张贴现象，窗台无杂物。

（3）书桌前的物品及寝室卫生用具摆放整齐。

（4）室内外天花板没有蜘蛛网。

（5）棉被、枕头、衣服、鞋子等按规定摆放整齐。

（6）盥洗间物品摆设整齐，卫生间保持清洁。

（7）墙壁没有出现乱贴、乱涂、乱挂等现象。

（8）室内环境布置优雅，符合学生寝室文化建设要求。

4. 公共场所、公共教室清洁卫生要求

（1）校园、门厅、台阶、走廊地面无污迹、无纸屑果皮、无包装袋等杂物。

（2）实验楼、篮球场、运动场、体育馆，各教学楼和校内各条道路清洁、无卫生死角。

（3）卫生间地面及洗手台台面无污迹、无积水；便池内无污迹；纸篓每天倾倒；卫生间内无异味、保持清洁。

（4）饮水机保持清洁（每学期清洗两次），地面保持干燥。

（5）垃圾桶要定时清理，无异味；垃圾桶下面污垢要及时清理干净。

（6）绿化带、花坛内无纸屑果皮、包装袋等杂物，瓷砖釉面保持干净。公共区坐凳、报栏、橱窗无灰尘污迹和破损。

（7）楼梯扶手及楼道护栏要每天擦洗，保持清洁。

（8）报告厅、会议室每天进行巡查，始终保持室内清洁卫生。公共教室清洁卫生情况按照上述教室的卫生标准评定。

（四）注意事项

（1）劳动人员要注意自身保护，劳动时戴防护手套和口罩，预防细菌感染，防止保洁剂损害皮肤。

（2）中途休息或劳动完毕后，应使用药用肥皂或洗手液洗手，饮食前要漱口。

（3）清洗卫生间所用的工具应专用，使用后定期消毒，与其他保洁工具分开保管。

（4）卫生间保洁时，应将“工作进行中”告示牌放置在门口或显眼处，以便师生注意并予以配合，注意卫生间的通风情况，按规定开关通风扇或窗扇。

（5）劳动中使用的保洁工用具要勤洗并消毒，保持洁净。

（6）劳动工具要统一领取，统一归还，特别是消毒剂、保洁机械等特殊工具，要专人保管，按照要求和标准规范使用。

（7）工具随人走，湿拖时应放置警示牌，暂时不用的工具不得随意放置在通道中或影响行人通行的地方，以免对他人造成伤害。

实践开展

微课：
校园保洁

（一）活动工具准备

1. 常用清洁工具

毛巾、撮箕、扫把、拖把、尘推、清洁桶、玻璃刮、铲刀、马桶刷、作业标识、手套等。

2. 常用保洁机械

多功能洗地机、吸水 / 吸尘机、单擦机、抛光机、吹风机、高压水枪等。

3. 常用清洁剂

（1）按作用分类：洗剂类、杀菌消毒类、吸尘光亮类、强力去污类。

（2）按化学成分分类。

酸性清洁剂（pH 值 <7）：具有一定杀菌除臭功能，且能中和尿碱

等顽固污渍。如：洁厕剂、洗石水、氢氟酸，主要用于重污染的地面、墙面等，特别注意不得与消毒剂类药剂一起使用。

中性清洁剂（pH 值 =7）：配方温和，不腐蚀和损伤物品，对被清洗物起到保护作用。如：全能清洁剂、地毯清洁剂，主要用于玻璃、陶瓷、塑料、木质、皮革、金属等材质的污渍清洁。

碱性清洁剂（pH 值 >7）：不仅含有纯碱（碳酸钠）还含有大量的其他化合物，对于清除油脂类和酸性污垢有良好效果。如：洗衣粉、起蜡水、除油剂、天那水、活水，主要用于石材、PVC 地面、玻璃表面的污渍清除。

（二）活动前准备

（1）劳动人员需要了解活动时具体内容、操作流程，熟悉劳动工具的使用要求和注意事项。

（2）劳动人员需要熟悉劳动地点，并注意劳动过程中的个人卫生和特殊物品的存放要求。

（3）劳动过程中需要做好人员分工，确定团队过程中的负责人，做好不同岗位、不同区域的人员分配，注重团队意识。

（4）根据劳动要求，提前准备好劳动工具和个人防护所需物品。

（三）活动中要求

（1）划分校园保洁的区域。

（2）根据学生人数和区域分组负责，并指定小组负责人。

（3）发放各组所需工具、药剂、物品等。

（4）开展校园保洁实践性劳动活动。

（5）校园保洁完成后，对使用工具进行清洗、消毒。

（6）以小组为单位将工具、药剂、物品等交回。

（7）校园保洁要遵循以下原则。

① 总体原则：从里至外、从上至下、从左至右、先易后难、先干

后湿。

② 扫地、拖地的程序：由内至外、先边再中间。

③ 擦拭的程序：从上到下，从左到右，再清洁边角。

④ 推尘的程序：先边再中间，直线操作，每次处理的区域与上次重叠区域的面积不少于 1/3。

⑤ 室内保洁：不得随意翻动室内物品，不得使用电话、电脑、洗手间等，注意与师生沟通工作内容，注意效率；湿拖时应放置安全警示牌。

⑥ 公共区域保洁：在公共区域保洁时应注意行人，遇到师生时应暂停或放缓工作，主动让路。

（四）课堂实践演练

请同学们每 4 ~ 6 人为一组，选择不同的校园保洁区域，分别设计保洁策划方案，阐述工作范围的保洁要点和工作要求，对需要使用的劳动工具及保洁的顺序进行详细说明并展示。通过课堂实践演练，将校园保洁的相关知识内化，提升知识运用能力。

◆ **演练情景 1：**教学区保洁。

学生以小组为团队策划校园某一教学区的具体保洁方案，方案包含活动主题、目的、时间、人员组织、地点、准备、流程及注意事项等，并重点对该区域保洁所需劳动工具及保洁的顺序进行详细的说明和展示。

温馨提示：注重团队分工协作，制定教学区域保洁的标准，强调劳动工具的安全使用、存放，处理保洁后的垃圾分类等。

◆ **演练情景 2：**生活区保洁。

学生以小组为团队策划校园某一生活区域的具体保洁方案，方案包含活动主题、目的、时间、人员组织、地点、准备、流程及注意事项等，并重点对该区域保洁所需劳动工具及保洁的顺序进行详细的说明和展示。

温馨提示：注重团队分工协作，制定生活区域保洁的标准，强调劳动工具的安全使用、存放，关注保洁后垃圾分类等。

◆ **演练情景3：**运动场馆保洁。

学生以小组为团队策划校园某一运动场馆的具体保洁方案，方案包含活动主题、目的、时间、人员组织、地点、准备、流程及注意事项等，并重点对该区域保洁所需劳动工具及保洁的顺序进行详细的说明和展示。

温馨提示：注重团队分工协作，制定运动场馆区域保洁的标准，强调劳动工具的安全使用、存放，关注保洁后垃圾分类，规范运动场馆区域器材摆放等。

◆ **演练情景4：**道路保洁。

学生以小组为团队策划校园部分公共道路的具体保洁方案，方案包含活动主题、目的、时间、人员组织、地点、准备、流程及注意事项等，并重点对该区域保洁所需劳动工具及保洁的顺序进行详细的说明和展示。

温馨提示：注重团队分工协作，制定道路区域保洁的标准，强调劳动工具的安全使用、存放，关注保洁后垃圾分类等。

◆ **演练情景5：**卫生间保洁。

学生以小组为团队策划校园某一卫生间的具体保洁方案，方案包含活动主题、目的、时间、人员组织、地点、准备、流程及注意事项等，并重点对该区域保洁所需劳动工具及保洁的顺序进行详细的说明和展示。

温馨提示：注重团队分工协作，制定卫生间区域保洁的标准，强调劳动工具的安全使用、存放，关注保洁后垃圾分类，注意劳动过程中地滑等安全问题。

课外实践

通过学习，我们了解了校园保洁的相关知识，学习了开展校园保洁工作的相关程序和注意事项，并在课堂上进行了实践演练。现在，请同学们投身到校园保洁活动中去，做好寝室、教室、公共区域等地方的保洁工作。实践活动结束后，请主动与负责人或其他团队成员进行交流反馈，总结自己在活动中的表现和体会，并填写你的劳动实践记录卡和劳动实践评价表。

劳动实践记录卡

<table>
<tr><td>姓名</td><td></td><td>所属学院</td><td></td><td>行政班级</td><td></td></tr>
<tr><td>活动主题</td><td colspan="3"></td><td>活动时间</td><td></td></tr>
<tr><td>小组名称</td><td></td><td>小组成员</td><td colspan="3"></td></tr>
<tr><td>活动目标</td><td colspan="5"></td></tr>
<tr><td>活动过程</td><td colspan="5"></td></tr>
<tr><td>活动留影</td><td colspan="5"></td></tr>
<tr><td>活动中发现的问题</td><td colspan="5"></td></tr>
</table>

续表

<table>
<tr><td>我存在的不足</td><td colspan="6"></td></tr>
<tr><td rowspan="4">活动收获</td><td colspan="6">知识技能</td></tr>
<tr><td colspan="6"></td></tr>
<tr><td colspan="6">劳动价值观</td></tr>
<tr><td colspan="6"></td></tr>
<tr><td>自我评价</td><td></td><td>活动小组长签字</td><td></td><td>学业导师签字</td><td></td></tr>
<tr><td>备注</td><td colspan="6"></td></tr>
</table>

劳动实践评价表

<table>
<tr><th>评级指标</th><th>二级指标</th><th colspan="2">评价标准与分值</th><th>评分</th></tr>
<tr><td rowspan="4">知识与能力
0.4</td><td rowspan="4">岗位学习工作主动性
0.2</td><td>对所分配岗位的学习内容主动扩展，实践的积极性强并有很好的成绩</td><td>20</td><td></td></tr>
<tr><td>乐于学习新的服务内容，可很好掌握并实际运用</td><td>15</td><td></td></tr>
<tr><td>学习积极性不强，但可以掌握所需知识并基本完成实践</td><td>10</td><td></td></tr>
<tr><td>被动学习与实践</td><td>5</td><td></td></tr>
</table>

续表

<table>
<tr><th>评级指标</th><th>二级指标</th><th colspan="2">评价标准与分值</th><th>评分</th></tr>
<tr><td rowspan="8">知识与能力 0.4</td><td rowspan="4">服务质量意识 0.1</td><td>实践服务的质量意识很好，有质量改进意识</td><td>10</td><td></td></tr>
<tr><td>服务的质量意识良好，所在岗位服务方面无错误，或经提醒后可以及时纠正错误</td><td>8</td><td></td></tr>
<tr><td>服务意识一般，在质量控制方面有缺陷记录</td><td>5</td><td></td></tr>
<tr><td>缺乏服务质量意识，有违反工艺要求现象</td><td>0</td><td></td></tr>
<tr><td rowspan="4">沟通能力 0.1</td><td>良好的沟通能力，与服务对象和本团队成员建立了非常好的关系</td><td>10</td><td></td></tr>
<tr><td>与服务对象有良好的关系，有问题时及时询问</td><td>8</td><td></td></tr>
<tr><td>有沟通愿望，但沟通方式方法还需提高</td><td>5</td><td></td></tr>
<tr><td>沟通不积极主动，只在被询问时给予回答</td><td>2</td><td></td></tr>
<tr><td rowspan="7">过程与方法 0.2</td><td rowspan="3">实践活动出勤情况 0.1</td><td>按时出勤</td><td>10</td><td></td></tr>
<tr><td>迟到或早退</td><td>5</td><td></td></tr>
<tr><td>缺勤</td><td>0</td><td></td></tr>
<tr><td rowspan="4">实践方法的有效性 0.1</td><td>独立操作能力强，操作规范，设备仪器使用熟练</td><td>10</td><td></td></tr>
<tr><td>实际劳技操作规范，工作细致耐心</td><td>8</td><td></td></tr>
<tr><td>完成项目结果明确、过程正确，达到预定目标</td><td>6</td><td></td></tr>
<tr><td>无法完成操作</td><td>0</td><td></td></tr>
</table>

续表

评级指标	二级指标	评价标准与分值		评分
劳动态度、情感与价值观 0.4	责任感 0.2	对所分配岗位及团队工作具有责任感	20	
		对自身岗位有责任感，在提醒下能提升团队责任感	15	
		只关注自身岗位并且不愿扩大责任范围	10	
		不愿承担责任，将自己的任务转移给他人	0	
	团队合作表现 0.1	良好的团队精神，乐于与同学共同解决问题	10	
		良好的团队精神，与团队成员融洽相处	8	
		有团队合作意识，但只在推动下才能帮助别人	5	
		缺乏合作意识，与团队成员的合作效果不佳	2	
	安全意识 0.1	很强的安全意识，对不合理或违反安全规定的行为可以提出建议	10	
		良好的安全意识，拒绝不安全行为，遵守安全规定，日常工作中无安全错误	8	
		具备安全意识，但有轻微违反安全规定的情况，在提示下可以很快纠正错误	5	
		具备初级安全意识，有忽略安全保护的现象	2	
合计				

项目二

技术技能劳动

技术技能劳动是指在教师指导下，学生带着学科专业知识与思考，走进生产劳动场所，开展一种验证、实验、体验与创造性的劳动。技术技能劳动可以理解为一种专业化劳动，是学校劳动教育内容的重要组成部分，它是一种基于专业与技术而进行的劳动教育，旨在提升学生的专业化技术性劳动生产能力。技术技能劳动有多种多样的形式，如学科知识练习性生产劳动、学科知识实验性生产劳动、学科知识实习性生产劳动等。

实践中，学生通过技术技能性劳动，一方面能够理解生产劳动需要一定的专业技术，即一种"软技术"，认同"科学技术是生产力"，从而树立科学精神和创新意识，敬畏科学与技术；同时，也能够让学生在劳动过程中感知到人类劳动的形态处于不断演进之中，生产劳动形态在不断变化，生产劳动过程中的专业化程度不断提高，技术含量也在逐步增加，当下及未来的生产劳动是无法依靠简单的体力劳动进行和完成的，从而认识到科学技术在劳动生产中的价值与作用，热爱科学与技术。另一方面，通过技术技能性劳动，学生能够在学习、尝试与探究中，掌握一定生产劳动的专业知识与专业技能，即一定的"硬技术"，将来能够开展创造性生产劳动，为更好的生存、生活与创造打下基础。再者，通过技术技能性劳动，引导学生自觉成长为新时代社会主义的建设者和接班人；引导学生培养自身的动手能力和思考能力，体验劳动的快乐，在劳动与创造中获得成就感，把满腔的爱国热情转化为建设社会主义现代化强国的强大动力，刻苦学习、练就本领、报效祖国，担当起青年一代的强国使命。

活动四 无人机航拍摄影

活动目标

“无人机航拍摄影”重点结合产业新业态、劳动新形态，是依托无人机开展航拍工作的新型服务性劳动教育活动。通过“无人机航拍摄影”课程，面向各专业学生开展“零基础”的无人机操控飞行、图像处理劳动技能的教学，将劳动教育融入并渗透到专业教育和创新创业教育中，构建动脑思考与动手操作有机结合的劳动教育形态。在此课程中，培育学生不断探索，追求卓越的工匠精神和爱岗敬业的劳动态度，用新工具增强爱国主义教育的吸引力和感染力，用新技术提高大学生参与劳动的积极性和持续性，培育职业认同感和劳动自豪感。

学时安排

4 学时（课上 2 学时，实践 2 学时）

活动任务

无人机航拍摄影是以无人驾驶飞机作为空中平台，用机载遥感设备，如高分辨率 CCD 数码相机、轻型光学相机、红外扫描仪、激光扫描仪、磁测仪等获取信息，用计算机对图像信息进行处理，并按照一定精度要求制作成图像的实践活动。通过本次活动，学生应了解关于无人机驾驶的安全事项，识别无人机机型，熟悉飞行训练模拟器、无人机飞行实操、无人机航拍实操，掌握无人机视频采集和图像处理技术，以及能够完成日常检查及机器维护等工作。

知识准备

（一）无人机机型识别

根据无人机生产动力及不同状态依靠的不同组建方式，我们可以对固定翼无人机、直升机、多旋翼类别进行识别。以飞行平台构型为标准，无人机可分为固定翼无人机、无人直升机、多旋翼无人机、无人飞艇、伞翼无人机、扑翼无人机等。下面主要介绍最常见的几种机型，包括固定翼无人机、无人直升机、多旋翼无人机。

1. 固定翼无人机

一般的固定翼无人机系统由五个主要部分组成：机体结构、航电系统、动力系统、起降系统和地面控制站。机体结构由可拆卸的模块化机体组成，既方便携带，又可以在短时间内完成组装、起飞。固定翼无人机因拥有优良的系统，故在行业内备受青睐。固定翼无人机具有续航时间长、高空飞行的特点，目前其已被广泛应用在测绘、地质、石油、农林等行业。

2. 无人直升机

无人直升机是指由无线电地面遥控飞行或/和自主控制飞行的可垂直起降（VTOL）不载人飞行器，在构造形式上属于旋翼飞行器，在功能上属于垂直起降飞行器。无人直升机具有独特的飞行性能及使用价值。与有人直升机相比，无人直升机由于无人员伤亡、体积小、造价低、战场生存力强等特点，在许多方面具有无法比拟的优越性。与固定翼无人机相比，无人直升机可垂直起降、空中悬停、朝任意方向飞行，其起飞着陆场地小，不必配备像固定翼无人机那样复杂、大体积的发射回收系统。

3. 多旋翼无人机

多旋翼无人机是一种具有三个及以上旋翼轴的特殊无人驾驶直升机。其通过每个轴上的电动机转动，带动旋翼，从而产生升推力。旋翼的总距固定，而不像一般直升机那样可变。通过改变不同旋翼之间的相对转速,可以改变单轴推进力的大小,从而控制飞行器的运行轨迹。多旋翼无人机操控性强,可垂直起降和悬停,主要适用于低空、低速、有垂直起降和悬停要求的任务。

微课:
无人机模拟飞行

(二)飞行训练模拟器训练

熟练利用飞行虚拟仿真软件,在电脑上进行虚拟仿真飞行,可以模拟旋翼机、直升机和固定翼无人机在不同环境下的飞行。

1. 模拟器配置

打开模拟器软件,确保操作手柄准确装入,进行遥感方向配置,选择机型及模拟飞行场地。

2. 详细了解遥控器的使用

遥控器出厂默认操控方式为"美国手"。具体来说,就是遥控器的左摇杆,负责飞行器的上升下降、原地顺时针 / 逆时针旋转;遥控器的右摇杆,负责飞行器在水平位置上的前后左右移动。

3. 激活新手模式

激活飞行器时,选择"新手模式"。在"新手模式"下,飞行器只能在起飞点 30 米附近飞行,这一功能对于第一次操控无人机的学生来说很重要。熟悉操控后,可以在设置(右上角三点处)中关闭"新手模式"。

4. 模拟飞行训练

请反复练习以下操作。

上升:将遥控器左摇杆向上推,可使无人机往上升。

下降:将遥控器左摇杆向下推,可使无人机往下降。

左转:将遥控器左摇杆向左推,可使无人机向左旋转。

右转:将遥控器左摇杆向右推,可使无人机向右旋转。

向左:将遥控器右摇杆向左推,无人机向左飞行。

向右:将遥控器右摇杆向右推,无人机向右飞行。

向前:将遥控器右摇杆向上推,无人机向前飞行。

向后:将遥控器右摇杆向下推,无人机向后飞行。

（三）基本法律知识

为了规范无人驾驶航空器飞行及相关活动，维护国家安全、公共安全、飞行安全，促进行业健康可持续发展，国家空中交通管制委员会办公室于2018年组织起草了《无人驾驶航空器飞行管理暂行条例（征求意见稿）》。征求意见稿制定了比较严格的准入规定，如使用无人机经营活动，需取得通用航空经营许可；购买或租赁不少于两架的无人机时，应当在中国登记、取得适航证。另外，使用无人机人员，需要有与所使用无人机（7公斤以下及植保无人机除外）相适应的执照或训练合格证。在无人机上设置无线设备的，应取得民用航空器无线电台执照或相应许可。

拓展阅读

针对无人机管理及相关法律法规问题研究

一、无人机产业发展现状

无人机一般是指无人驾驶航空器。随着GPS全球卫星定位系统的完善，人工智能技术的不断进步以及电子与无线电控制技术的成熟，无人机的飞行控制系统不断朝着智能化、便捷化的方向前进，无人机行业进入了发展的快车道。目前在商业、政府、安防以及消费应用等多个领域，无人机的身影频频出现，无人机所带来的一种“无人化”的趋势正重塑着人们未来生活的面貌。

然而就在无人机产业蓬勃发展的同时，无人机管理工作中的一些漏洞也逐渐暴露。近年来，已经出现了多次民用无人机非法闯入我国国家安全重点区域，威胁国家安全的情况，无人机“黑飞”扰航现象频发。同时，一些无人机拥有者因为自身操作不当或者无人机本身的设计以及质量问题，出现了一些无人机伤人、无人机毁财的意外事件。此外，无人机由于自身独特的功能，隐藏着成为犯罪工具的可能，甚至由于其购买途径方便、成本低廉、功能丰富，在一些国家已经出现了恐怖分子使用无人机实施恐怖袭击的案例。因此，为了规范无人机的正确使用，也为了保证无人机产业能够长远、平稳地发展，对无人机进行妥善规制已成为当务之急。

二、无人机立法梳理

通过法律对无人机进行规制，一方面为无人机管理工作提供法律依据和强制力的授予及保障，实现对无人机有关违法违规行为的预防、查处和惩治；另一方面，通过立法规制也将会对无人机的管理工作进行更准确的界定，防止公权力过度膨胀而干涉甚至危害无人机产业的发展，使得无人机管理工作有序开展。

1. 法律层面

《中华人民共和国民用航空法》（以下简称《民航法》）是民航领域的第一部法律，规定了民航领域的行政管理和民事关系，对各参与主体的权益进行确认和保护，保障了民用航空活动的有序开展。虽然《民航法》中未有专涉无人机管理的部分，但是其作为民航领域的基本法，其中的通用性条款对于无人机同样适用，为后续无人机管理方面行政法规、地方规定的细化提供了上位法的支撑。此外，在《民航法》最新一次的修订中新增了有关无人机的授权立法规定，明确了国务院和中央军委制定无人驾驶航空器专门行政法规的权力，为无人驾驶航空器法律体系预留了比较自由充裕的法律设计空间。

2. 行政法规

行政法规层面，《无人驾驶航空器飞行管理暂行条例（征求意见稿）》（以下简称《暂行条例》）作为系统规范无人机飞行活动的行政法规，虽然目前正在征求意见中，但从初稿已不难看出其针对无人机管理工作的专门性、系统性和规范性。《暂行条例》从“人—机—环”的角度出发对无人机管理工作进行了较为系统翔实的规划。这一条例如果顺利出台，将成为我国首部针对无人机管理工作的专门行政法规。除了专门针对无人机管理的《暂行条例》，民用航空领域的《通用航空飞行管制条例》以及《中华人民共和国飞行基本规则》等法规中对空域管理和飞行活动管理的相关规定同样适用于无人机管理的相关工作。

3. 地方性法规和政府规章

面对近年来各地频发的无人机违法违规使用的乱象，各省市积极应对，开展以立法规制为先导的无人机管理工作，各省市出台各类专门文件共 43 篇，其中新疆维吾尔自治区、四川省、海南省、重庆市出台了省级政府规章，浙江省出台了省级地方性法规，无锡市、深圳市和厦门市三市制定了关于无人机管理工作的市级政府规章。这些地方性法规和政府规章都对无人机的分类界定、运行管理以及相关法律责任进行了规定，并且都结合各地自身特点对无人机管理工作进行了不同角度的侧重，进行了一些因地制宜的创新。

4. 其他规范性文件

除了以上列出的法律法规，还存在一些与无人驾驶航空器管理工作相关的部门规章以及地方政府发布的临时性文件。如2015年12月民航飞行标准司发布的《轻小无人机运行规定（试行）》，这是我国第一部专门规制无人驾驶航空器的法律文件。在一些重大活动的特殊时期也存在由公安机关发布的关于规范无人机使用的临时性文件，如在冬奥期间北京市公安局发布的《北京市公安局关于加强北京市2022年冬奥会和冬残奥会期间北京地区"低慢小"航空器管理工作的通告》。

（资料来源：中国安防协会，有删改）

（四）注意事项

（1）在无人机航拍飞行器模拟训练中，使用模拟遥控器严格遵守使用方法，轻拿轻放，禁止故意损坏遥控器。

（2）在无人机飞行实操中，严禁在室内开启、操控无人机飞行器。

（3）树立劳动安全意识、自我保护意识和环境保护意识，学会正确使用无人机。

（4）严格遵守劳动纪律，自觉执行无人机相关的规章制度。

实践开展

（一）活动工具准备

模拟遥控器、模拟飞行软件、无人机。

（二）活动前准备

（1）需要了解具体活动的场地，熟悉固定翼无人机、无人直升机、多旋翼无人机等。

（2）需要了解具体活动操作软件。

（3）起飞前了解安全飞行注意事项，防止在运行过程中出现由于运行失当或外来原因而造成航空器损坏的事故。

（4）飞行前进行全面的设备检查，如保持设备电量充足。

（三）活动中要求

（1）领取模拟遥控器。

（2）到活动现场后，要主动找团队负责人签到。

（3）听从团队负责人的安排，坚守分配的工作岗位，不应随意听从他人的调度和差遣。

（4）活动时手机关闭或静音，不要在室内接打电话或发短信。

（5）活动分工不分家，活动中要互帮互助、团结协作，共同协助活动顺利开展。

（6）若遇突发情况须提前离开，务必主动告知负责人，并做好工作交接。

（7）活动结束主动告知负责人，由负责人发出解散指令。

（四）课堂实践演练

在机房模拟飞行阶段，请同学们以个人为单位熟练掌握模拟器适配及模拟起飞降落等操作；在实操飞行阶段，请同学们每 7 ~ 10 人为一组，按照起飞、定点飞行、悬停、拍摄图片、降落等步骤操作飞行器轮流展开练习，每人 5 ~ 8 分钟。通过课堂实践演练，将所学无人机飞行操作、航拍技巧进行提升并能运用到实际生活中。

◆ **演练情景 1：**利用飞行虚拟仿真软件，在电脑上进行虚拟仿真飞行，可以模拟旋翼机、无人直升机和固定翼无人机在不同环境下的飞行。

温馨提示：应根据操作指示对在使用的遥控器与飞行虚拟仿真软

件进行配置，并检查遥控器操控模式（美国手、日本手、中国手等），不得随意操作模拟器，不得损坏遥控器。

◆ **演练情景 2:** 操纵无人机起降并在超视距场景下的运行活动。能安全操纵辅助模式下的无人机定高纵向平飞、横向平移、空间内同高某点斜向移动、定高匀速执行圆形航线。操控无人机进行平缓飞行，推动油门将无人机上升到安全高度。

温馨提示：在 GPS 信号良好的情况下飞行。注意无人机要高于区域内的所有障碍物。推动遥控器摇杆的时候要缓慢推动，确保无人机平缓飞行。

◆ **演练情景 3:** 降落无人机。

温馨提示：遵守关机顺序，先关闭飞机，后关闭遥控器。

◆ **演练情景 4:** 穿行拍摄。

温馨提示：无人机从场景中穿过并拍摄是一项很有技术性的操作，一定要在拍摄前确定能精确控制无人机悬停，并保障穿行位置的准确性。穿行拍摄会带给观众一种身临其境的真实感，领略无人机穿行其中的真实场景。开拍前，首先必须确定镜头的主题、构图以及基本航线，尽量减少无效飞行，并做好周围信号干扰源的分析，减少失控的可能。

◆ **演练情景 5:** 鸟瞰拍摄。

温馨提示：鸟瞰拍摄是无人机拍摄的经典角度，也是航拍影像创意方式中极具视觉冲击力的一种技巧。鸟瞰拍摄是指将摄像机的镜头垂直对着地面拍摄，就像卫星地图那样。航拍时，应避开树木、高压线及通信基站等干扰物，监看航拍画面的同时关注飞机姿态，确保飞行安全。为了避免电磁干扰，确保安全，建议大家学会用姿态模式或者手动模式进行飞行。

◆ **演练情景 6:** 安全稳定地操控辅助模式下的多旋翼无人机在空间中某点悬停，执行对某点或某一区域的拍摄并能够通过 photoshop 等图片编辑软件完成采集图像的编辑。

温馨提示：飞行器同一飞行速度在不同的高度航拍给观众的感受

是不一样的，离地面越近感觉速度越快，越高感觉越慢。所以飞行的高度越低、速度越快、穿越的空间越小，画面的冲击力越强。

◆ **演练情景 7：**完成对机体的检查。按照操作规范拆卸动力电池。按照电池使用要求执行放电、充电操作，完成机体的清洁。

温馨提示：使用正确的充电方法对电池进行充电。

课外实践

通过学习，我们了解了无人机摄影的相关知识，学习了《无人驾驶航空器飞行管理暂行条例（征求意见稿）》，掌握了相应的安全注意事项，并在课堂上进行了操作训练。现在，请同学们投身到校园中，运用所掌握的知识进行校园航拍图片采集。实践活动结束后，请主动与负责人或其他团队成员进行交流反馈，总结自己在活动中的表现和体会，并填写你的劳动实践记录卡和劳动实践评价表。

劳动实践记录卡

<table>
<tr><td>姓名</td><td></td><td>所属学院</td><td></td><td>行政班级</td><td></td></tr>
<tr><td>活动主题</td><td colspan="3"></td><td>活动时间</td><td></td></tr>
<tr><td>小组名称</td><td></td><td>小组成员</td><td colspan="3"></td></tr>
<tr><td>活动目标</td><td colspan="5"></td></tr>
<tr><td>活动过程</td><td colspan="5"></td></tr>
</table>

续表

<table>
<tr><td>活动留影</td><td colspan="6"></td></tr>
<tr><td>活动中发现的问题</td><td colspan="6"></td></tr>
<tr><td>我存在的不足</td><td colspan="6"></td></tr>
<tr><td rowspan="4">活动收获</td><td colspan="6">知识技能</td></tr>
<tr><td colspan="6"></td></tr>
<tr><td colspan="6">劳动价值观</td></tr>
<tr><td colspan="6"></td></tr>
<tr><td>自我评价</td><td></td><td>活动小组长签字</td><td></td><td>学业导师签字</td><td></td><td></td></tr>
<tr><td>备注</td><td colspan="6"></td></tr>
</table>

劳动实践评价表

评级指标	二级指标	评价标准与分值		评分
知识与能力 0.4	岗位学习工作主动性 0.2	对所分配岗位的学习内容主动扩展，实践的积极性强并有很好的成绩	20	
		乐于学习新的服务内容，可很好掌握并实际运用	15	
		学习积极性不强，但可以掌握所需知识并基本完成	10	
		被动学习与实践	5	
	服务质量意识 0.1	实践服务的质量意识很好，有质量改进意识	10	
		服务的质量意识良好，所在岗位服务方面无错误，或经提醒后可以及时纠正错误	8	
		服务意识一般，在质量控制方面有缺陷记录	5	
		缺乏服务质量意识，有违反工艺要求现象	2	
	沟通能力 0.1	良好的沟通能力，与服务对象和本团队成员建立了非常好的关系	10	
		与服务对象有良好的关系，有问题时及时询问	8	
		有沟通愿望，但沟通方式方法还需提高	5	
		沟通不积极主动，只在被询问时给予回答	2	

续表

评级指标	二级指标	评价标准与分值		评分
过程与方法 0.2	实践活动出勤情况 0.1	按时出勤	10	
		迟到或早退	5	
		缺勤	0	
	实践方法的有效性 0.1	独立操作能力强，操作规范，设备仪器使用熟练	10	
		劳技操作规范，工作细致耐心	8	
		完成项目结果明确、过程正确，达到预定目标	6	
		无法完成操作	2	
劳动态度、情感与价值观 0.4	责任感 0.15	对所分配岗位及团队工作具有责任感	15	
		对自身岗位有责任感，在提醒下能提升团队责任感	10	
		只关注自身岗位并且不愿扩大责任范围	5	
		不愿承担责任，将自己的任务转移给他人	0	
	团队合作表现 0.1	良好的团队精神，乐于与同学共同解决问题	10	
		良好的团队精神，与团队成员融洽相处	8	
		有团队合作意识，但只在推动下才能帮助别人	6	
		缺乏合作意识，与团队成员的合作效果不佳	2	

续表

评级指标	二级指标	评价标准与分值		评分
劳动态度、情感与价值观 0.4	安全意识 0.15	很强的安全意识，对不合理或违反安全规定的行为可以提出建议	15	
		良好的安全意识，拒绝不安全行为，遵守安全规定，日常工作中无安全错误	12	
		具备安全意识，但有轻微违反安全规定的情况，在提示下可以很快纠正错误	10	
		具备初级安全意识，有忽略安全保护的现象	8	
合计				

活动五　生活配电线路装调

活动目标

此项活动是学生了解生活用电、解决基本生活用电问题、承担家庭责任的训练与实践，通过学习基本理论、实际动手操作、观察检修等方式进行劳动实践，增强学生的劳动和实践能力，提高在实际动手过程中发现问题并解决问题的能力，同时克服对电的恐惧心理。

学时安排

4 学时（课上 2 学时，实践 2 学时）

活动任务

了解并熟悉生活配电线路及其检修方法是每个人必须掌握的生活技能。通过本次活动，学生应了解基本生活配电线路的组成及各部分元器件的作用；熟悉电、电路的概念，以及串联、并联电路的概念；掌握基本电工工具的使用；识读简单的电路图；能够进行简单的配电线路装调与检修，解决生活中出现的基本用电问题。

知识准备

（一）了解电路相关知识

微课：
家庭配电线路装调与检修

1. 电、电路的概念

电是一种自然现象，是静止或移动的电荷所产生的物理现象。电的用途非常广泛，但其形态特殊，要注意用电安全。电的使用前提是必须要形成闭合的回路，也就是形成电路，所谓电路是由若干具有一定功能的元器件组成的电流通路，由电源、负载、中间环节三部分组成（以最简单的手电筒电路为例，如图 5–1）。

（1）电源：将其他形式的能转换成电能的装置。

（2）负载：将电能转换成其他形式能的器件或设备，是电路中能量的消耗者。

（3）中间环节：包括连接导线、控制、保护装置等。

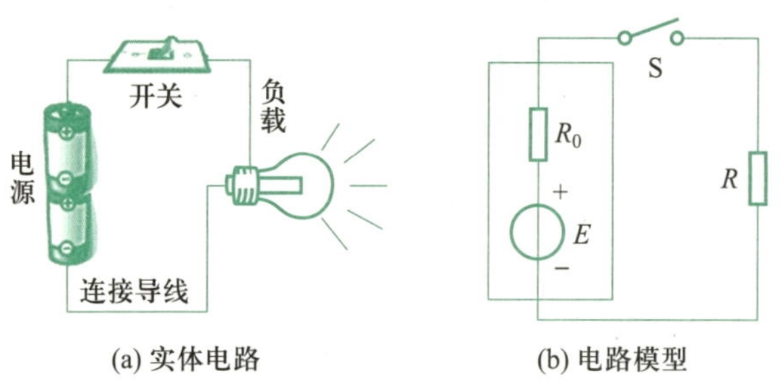

图 5–1
手电筒电路

2. 电路的串、并联

串联：将几个元器件依次首尾相接并且中间没有分支的连接方式称为串联。在串联电路中，流过这条串联电路的每个元器件的电流都相等，电路的总电压等于各元器件两端的电压代数和。

并联：几个元件接在电路中相同的两点之间，这种连接方式叫作并联。在并联电路中，电路两端的电压相等，电路的总电流等于各并联电路的电流代数和。

（二）生活配电线路的组成及各组成元器件的作用

通过观察，可以看到生活中基本供电线路（如图 5–2 所示）器件包括配电箱、空气开关、漏电保护器、开关、插座、灯泡底座、灯泡、导线等。

空气开关也称自动空气断路器，主要起短路保护作用；漏电保护器也叫漏电断路器，主要起到漏电保护作用；开关的作用主要是控制电流是否形成通路；插座的作用主要用于连接用电设备；导线的作用主要是传输电流、传输电能。

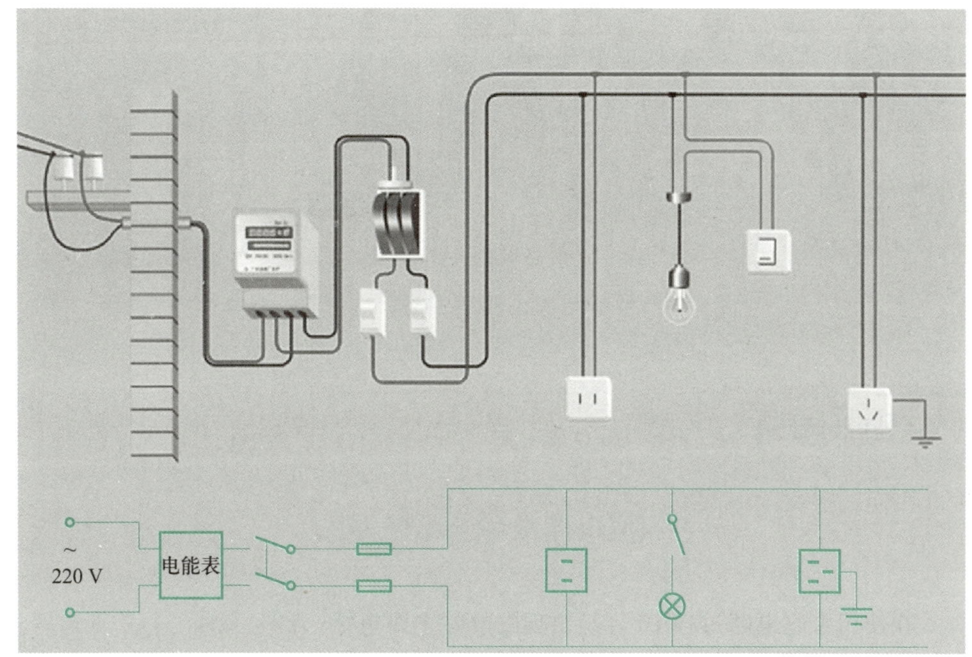

图 5-2 生活基本供电线路

（三）常用电工工具及其作用

常用电工工具如图 5-3 所示，包括尖嘴钳、斜口钳、钢丝钳、剥线钳、螺丝刀、低压验电笔、万用表等。尖嘴钳则用于给导线弯折；斜口钳主要用于剪断导线；剥线钳主要用于剥去导线外面的绝缘层；螺丝刀主要用于松紧螺丝、固定导线；低压验电笔主要用于检测导线、导体和设备是否带电；万用表一般可测量直流电流、直流电压、交流电流、交流电压、电阻和音频电平等，有的还可以测交流电流、电容量、电感量及半导体的一些参数，按显示方式分为指针万用表和数字万用表。

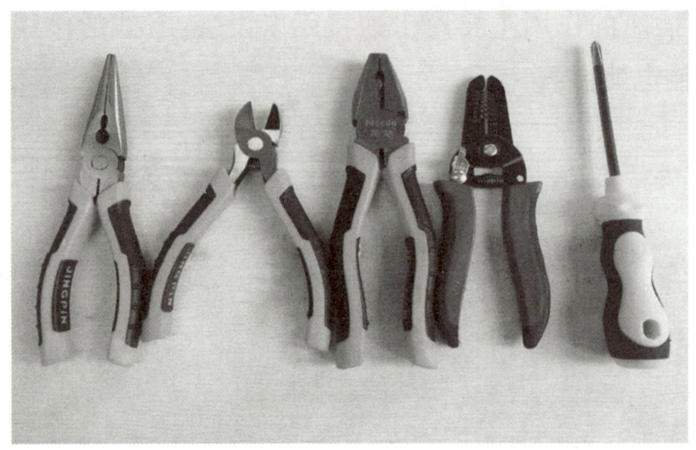

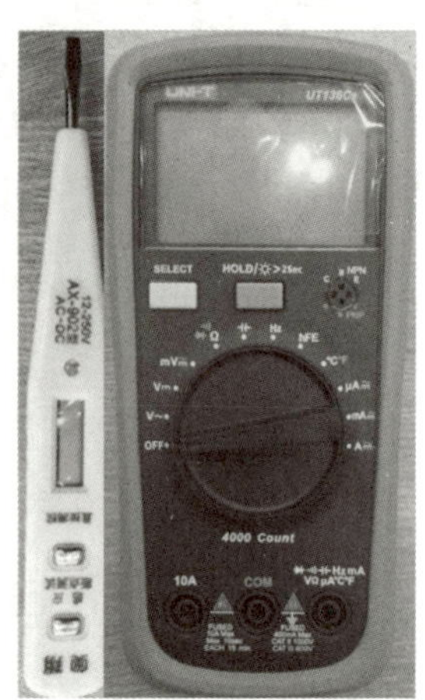

图 5–3
常用电工工具

拓展阅读

家庭电路故障及维修办法

在使用家庭电路过程中，容易出现的故障主要包括：开路、短路、过载、漏电等，了解常见的家庭电路的故障及维修方法是十分必要的。

一、常见的家庭电路故障

1. 开路

用电器不工作，表明电路中出现开路。如灯丝断了，电线接头断开，灯座、开关、拉线盒开路，熔丝熔断或进户线开路等。开路会造成用电器无电流通过而无法正常工作。

2. 短路

短路是指电流没有经过用电器而直接构成通路。发生短路时，电路中的电阻很小，电流很大，保险丝自动熔断使整个电路断电。若保险丝不合适，导线温度会迅速升高，可能引发火灾。

3. 过载

电路中用电器过多或总功率过大或单个用电器的功率过大，会导致通过导线的总电流大于导线规定的安全电流值，这种情况轻则导致用电器实际功率下降，长期过载会加速线路老化和导线破损，容易触发线路安全事故。

4. 电路接触不良

一般包括导线与导线、导线与电器设备、插头与插座、导线与开关端处的接触不良。当线路连接处接触不良时，用电器将不能连续正常工作，与连接完好时相比，该处的阻值将增大，在该处消耗的电功率将变大，这是家庭电器火灾隐患的源头之一。

5. 电路本身连接错误而引起故障

电路连接错误包括插座的两个接线柱全部接在火线或零线上，开关误接在主线中的火线上，灯泡串联接在电路中等。也包括热水器插座没有地线、开关控制零线、关灯之后灯频闪、零线与地线接反、一旦用电开关就跳闸等问题和故障。

6. 线路漏电

如果导线外层或用电器的绝缘性能下降，则有电流不经用电器而直接“漏”入地下。这种漏电会造成用电器实际功率下降，还可能造成人体触电。

二、维修家庭电路的方法

1. 检修开路

先用测电笔检查总闸刀开关处，如有电，再用校火灯头（一盏好的白炽灯，在灯座上引出两根线就成为校火灯头）并联在闸刀开关下的两个接线柱上，如灯亮，说明进户线正常（如灯不亮，说明进户线开路，只需要修复进户线即可）。再用测电笔检查各个支路中的火线，如氖管不发光，表明这个支路中的火线开路，应修复接通火线；如各个支路中用测电笔时氖管都发光，则再用校火灯头分别接到各个支路中检查，若哪条支路的灯不亮，则表明这条支路的零线开路，需修复这条支路的零线。按照线路检修，顺藤摸瓜，依次检查线路接头处、开关、插座、灯具的端子压接处，通过敲打找到断点，除去虚连打火氧化层，重新接驳好，并用多层绝缘胶布处理，即可正常使用。

2. 检修短路

电路短路故障维修，需要专业电工师傅用专业工具检修，常用到的工具有：万用表或钳型电流表、摇表。操作步骤：打开配电箱，拆卸下负载端，用电阻档分别测量火线对地阻值、零线对地阻值。测量阻值无反应，说明阻值无穷大，线路完好；如电阻档位有反应，说明线路绝缘有损坏。短路多发生在灯具电子元器件、各种配件电路板上，在电阻档无法测量的情况下，可通过逐步送电的方式找到故障点，再分拆排查。

3. 线路漏电

线路漏电是电路短路的前奏，出现隐患必须根除，处理方式与检修短路一样。

（四）注意事项

（1）检修电气线路时，不得带电操作，应先将电源切断，即断开空气开关。

（2）所有绝缘检验工具，应妥善保管，严禁他用，存放在干燥、清洁的工具柜内，并按规定进行定期检查、校验，使用前，必须在检查良好后，方可使用。

（3）不准无故拆除电器设备上的熔丝及过负荷继电器或限位开关等安全保护装置。

（4）机电设备安装或修理完工后在正式送电前必须仔细检查绝缘电阻及接地装置和传动部分防护装置，使之符合安全要求。

（5）发生触电事故应立即断电，并采用安全正确的方法对触电者进行解救和抢救。

（6）装接灯头时开关必须控制相线，临时线敷设时应先接地线、拆除时应先拆相线。

（7）工作中拆除的电线要及时处理好，带电的线头须用绝缘带包扎好。

（8）电器着火时，应立即切断电源。未断电前，应用四氯化碳、二氧化碳或干沙灭火，严禁用水或普通酸碱泡沫灭火器灭火。

实践开展

（一）活动工具准备

1. 工具类

碳素笔、铅笔、直尺等。

2. 劳动器材

生活配电配线板、尖嘴钳、斜口钳、钢丝钳、剥线钳、螺丝刀、低压验电笔、万用表等。

（二）活动前准备

（1）学生需要了解具体活动的实训规章制度，熟悉生活配电线路的组成及各元器件的作用。

（2）学生需要学习基本的安全用电常识，熟悉常用电工工具。

（三）活动中要求

（1）活动中要求长发的同学束发，不披头散发。

（2）活动过程中服从老师安排，不随便乱转。

（3）搭建电路过程中会用到电工工具，包括尖嘴钳、螺丝刀等，在使用中注意不要随意挥舞工具，避免伤害周边人员。

（4）严格按照实践步骤进行：

① 熟悉生活配电线路的组成及各元器件。安全起见，本次活动将 220 V 交流电降压为 24 V。

② 结合实物走线画出线路原理图。学会绘制基本的生活配电线路电气图纸。

③ 领取配线板，利用电工工具参照电路原理图连接生活配电线路。每条支路逐条接线，一人按图接线，一人检查是否接错。为了方便查找线路故障，维护元器件，需要将连接导线接到接线端子排上。

④ 验证电路功能正常与否。上电过程中注意用电安全，不能带电接线，在通电过程中不触碰裸露金属部分，以防触电事故发生。

⑤ 清点工具、整理实训板。将配线板恢复成接线前的样子，清点工具，待老师检查。

（四）课堂实践演练

请同学们每 2 人为一组，相互配合完成模拟配电线路连接。通过课堂实践演练，将所学配电线路知识和生活联系，提升知识运用能力和实际动手能力。

◆ **演练情景 1：** 进入到宿舍或者家里，观察与配电线路相关的器件有哪些。

温馨提示：从进门便开始观察，有空气开关、开关、灯泡、插座、电视机、电冰箱、洗衣机等。

◆ **演练情景 2：** 想在卧室门口和床头两处都能开关灯，怎样才能实现这个功能？

温馨提示：两地联控开关如图 5–4 所示，一个开关在门口，另一个开关在床头，共同控制同一盏灯。

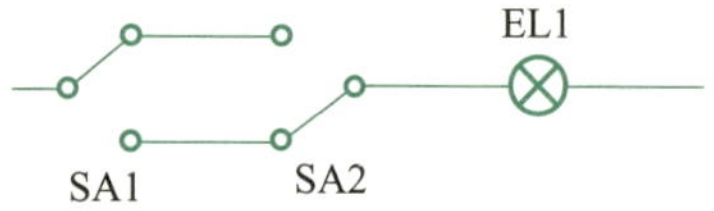

图 5–4
两地联控开关

◆ **演练情景 3：** 结合实际绘制基本生活配电线路电路原理图（如图 5–5 所示）。

温馨提示：每条支路从火线端出发，用导线连接元器件，最终回到零线端。本次实践电路图如下图所示。出于安全考虑，将 220 V 正常居民用电电压降到人体安全电压 36 V 以下，降成 24 V 交流电。

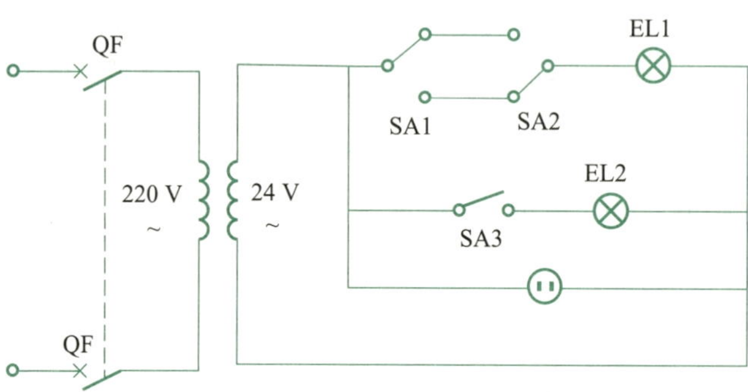

图 5–5
基本生活配电线路电路原理图

◆ **演练情景 4：** 思考在接开关和灯泡的时候先将开关接在火线端还是先将灯泡接在火线端。

温馨提示：出于安全考虑，开关和负载的接法如图 5–6 所示，先将开关接在火线端，在电路出现故障时，断开开关，负载处于断电状态。

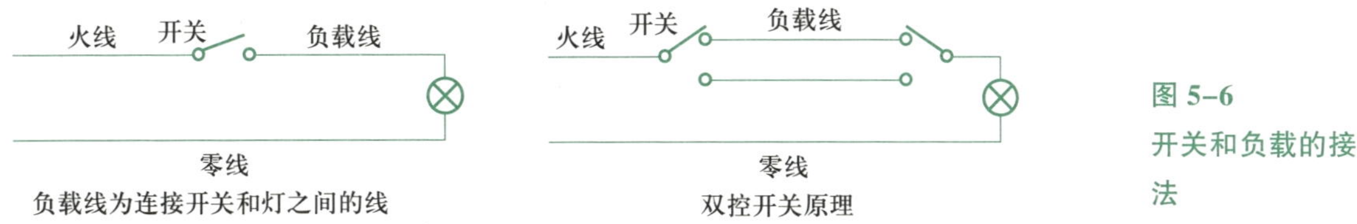

图 5-6
开关和负载的接法

◆ **演练情景 5：**撰写生活配电线路装调劳动教育实训操作流程单（表 5-1）。

温馨提示：根据理论和实践填写流程单。

表 5-1　生活配电线路装调劳动教育实训操作流程单

序号	项目名称	内容	配分	得分
1	电路连线图	按图纸要求，正确连接线路	20	
2	使用工具	正确使用工具和仪表	10	
3	电路器件		10	
4	电路功能	第一次功能验收（正常 / 不正常），用时； 第二次功能验收（正常 / 不正常），用时	40	
5	工艺要求	1. 布线要求横平竖直，接线牢固美观； 2. 电路器件配线按要求接到接线排上	10	

续表

序号	项目名称	内容	配分	得分
6	整理验收	1. 卸下连接导线、拉直并归位； 2. 清点使用工具并归位； 3. 清理干净自己的台面和地面； 4. 清理完成后由教师给出整理验收成绩	10	
合计总分及确认等级				
指导教师签名				

课外实践

通过学习，我们了解了生活配电线路的组成和各组成部分的作用，并在课堂上进行了实际操作。生活配电线路装调是一项必需的生活技能，不管未来从事任何职业，都离不开电，因此有必要掌握用电常识，懂得安全用电的重要性。实践活动结束后，请总结自己在活动中的表现和体会，并填写你的劳动实践记录卡和劳动实践评价表。

劳动实践记录卡

姓名		所属学院		行政班级	
活动主题				活动时间	
小组名称		小组成员			
活动目标					

续表

<table>
<tr><td>活动过程</td><td colspan="5"></td></tr>
<tr><td>活动中发现的问题</td><td colspan="5"></td></tr>
<tr><td>我存在的不足</td><td colspan="5"></td></tr>
<tr><td rowspan="4">活动收获</td><td colspan="5">知识技能</td></tr>
<tr><td colspan="5"></td></tr>
<tr><td colspan="5">劳动价值观</td></tr>
<tr><td colspan="5"></td></tr>
<tr><td>自我评价</td><td></td><td>活动小组长签字</td><td></td><td>学业导师签字</td><td></td></tr>
<tr><td>备注</td><td></td><td></td><td></td><td></td><td></td></tr>
</table>

劳动实践评价表

评级指标	二级指标	评价标准与分值		评分
知识与能力 0.4	岗位学习工作主动性 0.2	对所分配岗位的学习内容主动扩展,实践的积极性强并有很好的成绩	20	
		乐于学习新的服务内容,可很好掌握并实际运用	15	
		学习积极性不强,但可以掌握所需知识并基本完成	10	
		被动学习与实践	5	
	服务质量意识 0.1	实践服务的质量意识很好,有质量改进意识	10	
		服务的质量意识良好,所在岗位服务方面无错误,或经提醒后可以及时纠正错误	8	
		服务意识一般,在质量控制方面有缺陷记录	5	
		缺乏服务质量意识,有违反工艺要求现象	2	
	沟通能力 0.1	良好的沟通能力,与服务对象和本团队成员建立了非常好的关系	10	
		与服务对象有良好的关系,有问题时及时询问	8	
		有沟通愿望,但沟通方式方法还需提高	5	
		沟通不积极主动,只在被询问时给予回答	2	

续表

评级指标	二级指标	评价标准与分值		评分
过程与方法 0.2	实践活动出勤情况 0.1	按时出勤	10	
		迟到或早退	5	
		缺勤	0	
	实践方法的有效性 0.1	独立操作能力强，操作规范，设备仪器使用熟练	10	
		实际劳技操作规范，工作细致耐心	8	
		完成项目结果明确、过程正确，达到预定目标	6	
		无法完成操作	2	
劳动态度、情感与价值观 0.4	责任感 0.15	对所分配岗位及团队工作具有责任感	15	
		对自身岗位有责任感，在提醒下能提升团队责任感	10	
		只关注自身岗位并且不愿扩大责任范围	5	
		不愿承担责任，将自己的任务转移给他人	0	
	团队合作表现 0.1	良好的团队精神，乐于与同学共同解决问题	10	
		良好的团队精神，与团队成员融洽相处	8	
		有团队合作意识，但只在推动下才能帮助别人	6	
		缺乏合作意识，与团队成员的合作效果不佳	2	

续表

评级指标	二级指标	评价标准与分值		评分
劳动态度、情感与价值观 0.4	安全意识 0.15	很强的安全意识，对不合理或违反安全规定的行为可以提出建议	15	
		良好的安全意识，拒绝不安全行为，遵守安全规定，日常工作中无安全错误	12	
		具备安全意识，但有轻微违反安全规定的情况，在提示下可以很快纠正错误	10	
		具备初级安全意识，有忽略安全保护的现象	8	
合计				

活动六 生活垃圾分类与资源化处理

活动目标

此项活动以校园垃圾分类和实现垃圾资源化为劳动场景，让学生认识垃圾分类的意义和标准，了解生活垃圾分类处理的方法，提倡校园垃圾减量，使学生在实践活动中养成日常分类投放各类垃圾的好习惯，引导学生树立环保意识、重视环境保护、注意节约资源，培养学生的忧患意识和可持续发展观念，树立正确的环境观和发展观，让他们从关心身边的环境入手，积极采取行动，培养良好的文明习惯。

学时安排

4 学时（课上 2 学时，实践 2 学时）

活动任务

垃圾分类就是在源头将垃圾分类投放，并通过分类的清运和回收使之重新变成资源。垃圾分类是实施垃圾减量化、资源化、无害化的一个十分重要的步骤，对于改善居住环境，实现城市的可持续发展，创建节约型社会具有重要意义。通过本次活动，学生应了解垃圾分类的意义和标准，熟悉可回收垃圾、生活垃圾和有害垃圾都包括哪些，并能够在日后的学习生活中正确分类投放各类垃圾。

知识准备

微课：
生活垃圾分类与资源化处理

（一）垃圾分类的意义

1. 减少环境污染

在分类处理前，现代社会中的垃圾含有化学物质，有的会危害人类的生命健康。即使远离生活场所对垃圾进行填埋，并且采用了相应的隔离技术，也难以杜绝有害物质渗透，这些有害物质会随着地球的循环而进入整个生态圈中，污染水源和土地，并通过植物或者动物，最终影响人们的身体健康。

2. 节省土地资源

目前常见的垃圾处理方式有两种，一是垃圾填埋，二是垃圾堆放，无论是哪一种，其实质都是将垃圾从一个地方运到另一个地方，仍然占有土地资源。垃圾填埋虽然是最简单也是最方便的处理方式，但是对于社会的未来发展而言却是极为不利的。一个国家的土地资源是固定的，中国人均土地面积特别是人均耕地面积处于世界平均水平之下。垃圾填埋场属于不可复场所，即填埋场不能够重新作为生活小区。如果将土地资源变成垃圾的处理地，那么就相当于人类社会的“慢性自杀”，未来进行土地修复的费用就会很昂贵。

3. 再生资源的利用

垃圾的产生源于人们没有利用好资源，将自己不用的资源当成垃圾抛弃，这种处理废弃资源的方式对整个生态系统造成的损失是不可以估计的，垃圾一旦通过填埋或者焚烧的方式处理，想要重新利用就是极为困难的。如果在垃圾处理之前进行垃圾分类回收，就可以将垃圾变废为宝，如回收纸张能够保护森林，减少森林资源的浪费；回收果皮蔬菜等生物垃圾，就可以作为绿色肥料，让土地更加肥沃。

4. 提高民众价值观念

垃圾分类是处理垃圾公害的最佳解决方法。进行垃圾分类从而进行资源保护已经成为国家发展的必然路径。垃圾分类能够使得民众学会节约资源、利用资源，养成良好的生活习惯，最终提高个人的素质素养。一个人能够养成良好的垃圾分类习惯，那么他也就会关注环境保护问题，在生活中认识到资源的珍贵性，养成节约资源的习惯。

（二）垃圾分类的原则

生活垃圾分类的基本原则是按照垃圾的不同性质将生活垃圾分类，并选择适宜且有针对性的方法对各类生活垃圾进行处理、处置或回收利用，以实现更高的综合效益。

具体的分类原则主要包括：可回收物与不可回收物分开，可燃物与不可燃物分开，干垃圾与湿垃圾分开，有毒有害物质与一般物质分开。具体的分类方法要根据当地的生活垃圾处理设施条件进行选择。

（三）垃圾分类的方法

1. 可回收垃圾

可回收垃圾指适宜回收循环使用和资源利用的废物，主要包括废纸、塑料、金属、玻璃、布料五大类。

（1）纸类。未严重玷污的文字用纸，包装用纸和其他纸制品等，如报纸、各种包装纸、办公用纸、广告纸片、纸盒等。

（2）塑料。指废容器塑料、包装塑料等塑料制品，如各种塑料袋、塑料瓶、泡沫塑料、一次性塑料餐具、硬塑料等。

（3）金属。指各种类别的废金属物品，如易拉罐、铁皮罐头盒、铅皮牙膏皮等。

（4）玻璃。指有色和无色废玻璃制品。

（5）布料。指的是旧纺织衣物和纺织制品。

2. 不可回收垃圾

不可回收垃圾指在自然条件下易分解的垃圾，如果皮、菜叶、剩菜剩饭、花草、树枝、树叶等。日常分类时常常称为湿垃圾和干垃圾。

（1）湿垃圾，亦称厨余垃圾：包括剩菜剩饭、骨头、菜根菜叶等食品类废物，经过生物技术就地生产堆肥，每吨厨余垃圾可以生产 0.3 吨有机肥料。

（2）干垃圾（其他垃圾）：包括除上述几种外的砖瓦、陶瓷、渣土、卫生间废纸等难以回收的废弃物，常采用卫生填埋的方式对其进行处理，同时可以有效减少对地下水、土壤及空气等的污染。

3. 有害有毒垃圾

有害垃圾是指会对人体健康或环境造成现实危害或者潜在危害的废弃物，也包括含有对人体健康有害的重金属或有毒物质的废弃物，如废电池、废荧光灯管、水银温度计、打印机墨盒、过期农药等，这些垃圾需要特殊安全处理。

（四）可回收物投放前的注意事项

（1）纸类回收前，要先除去塑料封面、胶带、线圈等非纸类物品；

（2）纸箱或纸盒要先除去胶带，拆开、压平后回收；

（3）铝箔包要先将吸管去除，压扁后回收；

（4）金属容器要先倒空容器内残留物，用水稍加清洗后回收；

（5）塑料容器先去除瓶盖、吸管，倒空内容物并洗净擦干后回收；

（6）塑料类制品取出残渣，略加冲洗后再回收。

（五）不可回收物投放前的注意事项

（1）玻璃类物品应该小心轻放以免破碎；

（2）厨余垃圾应该做到袋装、密封投放。

拓展阅读

中国进入垃圾分类“强制时代”

习近平总书记对垃圾分类工作作出重要指示，他强调，广大人民群众要培养垃圾分类的好习惯，全社会人人动手，一起来为改善生活环境作努力，一起来为绿色发展、可持续发展作贡献。

只有积累更多好模式、好试点，才能引领更多人养成垃圾分类的好习惯、形成新时尚。为此，北京、上海、广东、深圳等超大城市先后就生活垃圾管理进行修法或立法，通过督促引导，强化全流程分类、严格执法监管，让更多人行动起来。有专家将这形容为垃圾分类进入“强制时代”。

对不分类投放垃圾说“不”

2019 年《上海市生活垃圾管理条例》将正式开始实施。这个条例之所以引人注目，在于其标志性意义：在进行二十多年的倡导工作后，上海率先将垃圾分类纳入法治框架。

通过立法，上海市明确了可回收物、有害垃圾、湿垃圾和干垃圾 4 种生活垃圾的分类标准，旅店、餐馆不得主动提供一次性用品，首次明确对生活垃圾全流程进行分类，确立分类投放管理责任人制度和相应法律责任等。比如，个人如果混合投放垃圾，最高可罚款 200 元；单位混装混运，最高可罚 5 万元。此次立法的意义在于，将以往的环保志愿行动转变为每个市民应尽的法律义务。

不止是上海，很多城市也纷纷加入到推行生活垃圾强制分类的队伍中来。在 5 月底召开的北京市十五届人大常委会第十三次会议上，北京市人大城建环保委员会建议，尽快修改完善《北京市生活垃圾管理条例》，依法推行垃圾强制分类，对违反垃圾分类规定行为设定相应罚则；杜绝混装混运现象，明确“不分类、不收运”的倒逼机制。

《北京市生活垃圾管理条例》早在 2012 年 3 月就开始施行。不过根据相关调查，对条例具体内容有了解的北京市民占比不足两成。北京市强制垃圾分类对象是学校、医院等公共机构以及商业办公楼宇、旅游景区、酒店等经营性场所，还没有涉及居民。

在深圳，《深圳经济特区生活垃圾分类投放规定（草案）》已完成向社会征求意见，立法工作正在紧锣密鼓进行。其中，楼层撤桶、个人未分类投放生活垃圾罚款提高了10倍等规定，引发热议。

在广州，《广州市生活垃圾分类管理条例》于去年7月1日起实施，常态化执法检查成为重要抓手。8月下旬，一个广州市民因不分类投放大件垃圾，被城管执法部门罚款200元，成为广州第一个因触犯该条例而被处罚的个人。

超大城市生活垃圾处理进步明显

超大城市生活垃圾分类的历程，可追溯到住建部2000年开始在8个城市进行的生活垃圾分类收集试点工作。8个城市中，北京、上海、广州、深圳均在列。近20年过去，如今这些超大城市的生活垃圾分类工作进步明显。

更多的厨余垃圾被分出来了。在超大城市，厨余垃圾通常占到生活垃圾的近一半。以深圳市为例，深圳居民家庭每天产生的厨余垃圾高达5 000多吨，在居民生活垃圾中所占比例达44%。对厨余垃圾进行分离处理，是城市生活垃圾分类的突破口。

在北京海淀区一些小区内设有专人值守的厨余收集站，解决了居民诟病较多的"我分类了，到楼下又混在一起"的问题。北京市东城区建国门街道通过购买社会服务形式，吸引市场化公司在小区设立自取式厨余垃圾桶、绿色生活驿站、能刷脸刷卡的智能垃圾箱等收取厨余垃圾，并通过积分换奖品形式对分类投放的居民进行奖励。

对于其他垃圾的分类处理，也有很多新模式出现。北京市东城区建国门街道建立了9个绿色生活驿站，除了收集厨余垃圾，还收集可回收物和有害垃圾，按重计价，现金支付。街道还采用购买服务方式进行大件垃圾就地处置，将旧沙发、园林树枝等处理为颗粒原料，数据同步上传到垃圾排放登记系统，基本实现了生活垃圾分类收集、分类运输和闭环管理，垃圾减量效果明显。在上海，"绿色账户"已发卡500多万张、"大分流、小分类"体系正在完善；在深圳，楼层撤桶、垃圾处理费随袋征收也在推进。

突破"理念认同，行动滞后"怪圈

根据相关法律法规要求，2019年起，全国地级及以上城市全面启动生活垃圾分类工作，到2020年底46个重点城市将基本建成垃圾分类处理系统，2025年底前全国地级及以上城市将基本建成垃圾分类处理系统。在这个过程中，超大城市的带头作用和示范效应十分重要。

另一方面，不断增加的城市生活垃圾数量、垃圾分类环节脱节、居民参与度不高……种种掣肘也让超大城市的垃圾分类工作变得更为紧迫。

有环境专家表示，目前超大城市垃圾分类工作的主要痛点很多。源头上，居民对垃圾分类知晓率高，但参与率低，处于“理念上认同，行动上滞后”的阶段。有调查显示，目前一些城市在源头的垃圾分类上主要靠垃圾劝导员、志愿者和垃圾处理公司工作人员进行二次分拣，某些地区动员工作很少做到居民层面，甚至存在避开居民做动员工作的倾向。末端上，分类处理能力不足。比如，厨余处理设施比例远低于厨余垃圾在生活垃圾中的比例，垃圾焚烧厂规划不合理等。而垃圾分类投放、收集、运输、处理等各环节因为监管不力而出现脱节、相互推诿现象，更是长期难以解决的问题。

针对这些问题、怪圈，北上广深等城市相关规定中不约而同地提到了一些关键词，如“强制性”“罚款”“不分类、不收运，不分类、不处置”“全流程分类”等，这让更多人看到了破解难题的希望。

（资料来源：人民日报海外版，有删改）

实践开展

1. 标识类

工作牌、工作衫、志愿帽等。

2. 工具类

垃圾拾取长柄夹、手套、垃圾袋、宣传资料等。

3. 防疫类

口罩、免洗消毒液、酒精等。

（二）活动前准备

（1）参与活动的学生需要了解生活垃圾分类的相关政策，熟悉生活垃圾分类的方法、原则。

（2）参与活动的学生能熟练地对常见生活垃圾开展分类。

（3）活动开始三日前，团队负责人将工作岗位的分配通知到参与的个人，以便个人了解岗位角色，做好心理准备与物资准备。

（三）活动中要求

（1）活动中要求统一着装，志愿衫、志愿帽需保持整洁，不可擅自修剪或贴、除标志，不可用作其他用途。志愿者需注意形象，将志愿马夹拉链拉上，工作牌佩戴在左胸志愿衫标志上方，不可把工作牌随意佩戴到背包、裤兜等不合适的地方；志愿帽不应斜戴，如需佩戴绶带，绶带应挂在右肩上，标志位于前方。

（2）到活动现场后，要主动找团队负责人签到。

（3）听从团队负责人的安排，坚守分配的工作岗位，不应随意听从他人的调度和差遣。

（4）提供服务时使用礼貌用语，首先向服务对象说明自己的姓名和身份，征得对方的同意后，引导他们正确开展垃圾分类处理工作。

（5）活动时手机关闭或静音，不要在室内接打电话或发短信。

（6）活动分工不分家，活动中要互帮互助、团结协作，共同推动活动顺利开展。

（7）若遇突发情况须提前离开，务必主动告知负责人，并做好工作交接。

（8）活动结束主动告知负责人，由负责人发出解散指令。

（四）课堂实践演练

请同学们每 4 ~ 6 人为一组，其中 2 ~ 3 名同学负责扮演丢垃圾的群众，另外 2～3 名同学负责扮演垃圾分类宣传、协助处理志愿者。通过课堂实践演练，将所学知识内化，提升知识运用能力。

◆ **演练情景 1：** 向路过的同学宣传垃圾分类理念及常见的垃圾分类用具。

温馨提示：蓝色桶为可回收物，绿色桶为易腐垃圾，红色桶为有害垃圾，灰色桶为其他垃圾。

◆ **演练情景 2：** 对日常生活中常见的有害垃圾进行列举说明（最好有实物或配图）。

温馨提示：按照废电池类、废旧灯管灯泡类、常用化学品类及其他来进行分类。

◆ **演练情景 3：** 对日常生活中常见的易腐垃圾进行列举说明（最好有实物或配图）。

温馨提示：按照米面肉蛋类、蔬菜瓜果类、茶叶盆栽类来进行。

◆ **演练情景 4：** 如遇有人往垃圾桶里投放烟盒、卫生纸等，志愿者应指导其正确投放，并列举类似物品。

温馨提示：烟盒、卫生纸等由于遇水即溶或过于坚硬，导致其虽然是纸张但是被归类于其他垃圾。

◆ **演练情景 5：** 如遇有人往垃圾桶里投放大骨棒，志愿者应指导其正确投放，并列举类似物品。

温馨提示：大骨棒虽然是在餐厨过程中产生的垃圾，但是由于“难腐蚀”“不易分解”等特性被列为其他垃圾。

课外实践

通过学习，我们了解了生活垃圾分类的相关知识，学习了相关政策，掌握了垃圾分类的正确方法。现在，请同学们投身到生活垃圾分类的志愿服务中去，做好宣传、协助和分类处理工作。实践活动结束后，请主动与负责人或其他团队成员进行交流反馈，总结自己在活动中的表现和体会，并填写你的劳动实践记录卡和劳动实践评价表。

劳动实践记录卡

姓名		所属学院		行政班级	
活动主题				活动时间	
小组名称		小组成员			
活动目标					
活动过程					
活动留影					
活动中发现的问题					
我存在的不足					

续表

<table>
<tr><td rowspan="4">活动收获</td><td colspan="5">知识技能</td></tr>
<tr><td colspan="5"></td></tr>
<tr><td colspan="5">劳动价值观</td></tr>
<tr><td colspan="5"></td></tr>
<tr><td>自我评价</td><td></td><td>活动小组长签字</td><td></td><td>学业导师签字</td><td></td></tr>
<tr><td>备注</td><td colspan="5"></td></tr>
</table>

劳动实践评价表

<table>
<tr><th>评级指标</th><th>二级指标</th><th colspan="2">评价标准与分值</th><th>评分</th></tr>
<tr><td rowspan="6">知识与能力
0.4</td><td rowspan="4">学习工作主动性
0.2</td><td>对本任务的学习有内容扩展，学习工作主动性强并有很好的成绩</td><td>20</td><td></td></tr>
<tr><td>乐于学习新的知识，可很好掌握并实际运用</td><td>15</td><td></td></tr>
<tr><td>主动性不强，但可以掌握所需知识并基本完成实践</td><td>10</td><td></td></tr>
<tr><td>被动学习与工作</td><td>5</td><td></td></tr>
<tr><td rowspan="2">质量意识
0.1</td><td>质量意识很好，有质量改进意识</td><td>10</td><td></td></tr>
<tr><td>质量意识良好，质量控制方面无错误，或经提醒后可以及时纠正错误</td><td>8</td><td></td></tr>
</table>

续表

评级指标	二级指标	评价标准与分值		评分
知识与能力 0.4	质量意识 0.1	质量意识一般，在质量控制方面有缺陷记录	5	
		缺乏质量意识，有违反工艺要求现象	2	
	沟通能力 0.1	良好的沟通能力，与同学和本团队成员建立了非常好的关系	10	
		与同学有良好的关系，有问题时及时询问	8	
		有沟通愿望，但沟通方式方法还需提高	5	
		沟通不积极主动，只在被询问时给予回答	2	
过程与方法 0.3	实践活动出勤情况 0.1	按时出勤	10	
		迟到或早退	5	
		缺勤	0	
	实践方法的有效性 0.2	独立操作能力强，操作规范，分类熟练	20	
		实际劳技操作规范，工作细致耐心	15	
		完成项目结果明确、过程正确，达到预定目标	10	
		无法完成操作	5	
劳动态度、情感与价值观 0.3	责任感 0.1	对自身工作及团队工作具有责任感	10	
		对自身本岗位有责任感，在提醒下能提升团队责任感	8	
		只关注自身工作并且不愿扩大责任范围	5	
		不愿承担责任，将自己的任务转移给他人	0	

续表

<table>
<tr><th>评级指标</th><th>二级指标</th><th colspan="2">评价标准与分值</th><th>评分</th></tr>
<tr><td rowspan="8">劳动态度、情感与价值观
0.3</td><td rowspan="4">团队合作表现
0.1</td><td>良好的团队精神，乐于与同学共同解决问题</td><td>10</td><td></td></tr>
<tr><td>良好的团队精神，与同学融洽相处</td><td>8</td><td></td></tr>
<tr><td>有团队合作意识，但只在推动下才能帮助别人</td><td>6</td><td></td></tr>
<tr><td>缺乏合作意识，与同学的合作效果不佳</td><td>2</td><td></td></tr>
<tr><td rowspan="4">安全意识
0.1</td><td>很强的安全意识，对不合理或违反安全规定的行为可以提出建议</td><td>10</td><td></td></tr>
<tr><td>良好的安全意识，拒绝不安全行为，遵守安全规定，日常工作中无安全错误</td><td>8</td><td></td></tr>
<tr><td>具备安全意识，但有轻微违反安全规定的情况，在提示下可以很快纠正错误</td><td>6</td><td></td></tr>
<tr><td>具备初级安全意识，有忽略安全保护的现象</td><td>4</td><td></td></tr>
<tr><td colspan="4">合计</td><td></td></tr>
</table>

活动七　计算机常用维护

活动目标

此项活动以计算机为劳动对象，具有很强的专业特点，是学生训练运用计算机维护知识，用专业技能服务全校师生的实践内容之一。参与服务的学生在实践中树立正确的服务观念，体验动脑思考与动手操作并进的劳动快乐，体会不断探索学习、追求卓越的工匠精神和爱岗敬业的劳动态度，并提升学生创造性开展劳动的能力，提升职业认同感和劳动自豪感。

学时安排

4 学时（课上 2 学时，实践 2 学时）

活动任务

计算机维护是对计算机的性能等进行维护的措施，是提高计算机使用效率和延长计算机使用寿命的重要方式。计算机维护主要体现在两个方面：一是硬件的维护，二是软件的维护。通过本次活动，学生应正确认识计算机的结构，熟悉硬盘、CPU、主板、电源、显卡、声卡、网卡、软驱、光驱所安装的位置，以及各个硬件的功能、硬件之间的连接方式；能够制作可使用的网线。

知识准备

（一）计算机的发展史

第一代计算机——电子管计算机（1946 ~ 1957）是电子管结构，采用符号语言（即二进制）进行信息传递。这是一次伟大的飞跃，奠定了现代电子计算机技术基础。这一时代的计算机主要用于科学计算，人类史上公认的第一台计算机——1946 年美国摩尔小组研发的 ENIAC，就是电子管计算机。但由于电子管元件在运行时产生了太多的热量，可靠性较差，运算速度不快，价格昂贵，体积庞大，限制了计算机的大规模生产和使用。因而，在 20 世纪 50 年代，第二代计算机——晶体管计算机（1958 ~ 1964）问世了。晶体管代替电子管，作为计算机的元件。晶体管不仅能实现电子管的功能，还具有尺寸小、重量轻、寿命长、效率高、发热少、功耗低等优点。但随着半导体技术日趋成熟，其体型小、能耗小、安全可靠性高、成本低的特点逐渐显露，十年后被应用到第三代计算机——中小规模集成电路计算机中，逐步取代了晶体管，成为推动计算机发展的关键一步。1971 年至今是第四代大规模和超大规模集成电路计算机的黄金期，出现了精简指令集计算机——微型计算机。其体积更加缩小，性能大幅提高，应用范围进一步扩大，几乎所有领域都能看到计算机的“身影”。直到今天，科学家们正在研发、完善第五代计算机，即具有人工智能的新一代计算机，它具有推理、联想、判断、决策、学习等功能。

（二）计算机系统的基本构成

1. CPU

CPU 又称中央处理器，是计算机的核心组成部分，控制着计算机信息加工的所有过程。在执行数据运算、传输等所有指令时，都需要按照中央处理器的引导进行。

2. 输入输出设备

输入输出设备是计算机的主要组成部分。输入设备就是将信息数据输入计算机的设备，如键盘、摄像机、鼠标以及麦克风等，都属于输入设备的范畴；输出设备则是将信息数据运算结果“展示给人们看的”设备，打印机以及显示器等都属于输出设备。

3. 存储设备

存储设备就是对于信息进行存储的硬件设备，是整个计算机中重要的仓库，存储着所有输入以及运算所得的数据，既可以保存数据和程度，还可按照中央处理器的指令进行数据的提取和输出。计算机内部的存储装置是内存储器，外部链接的装置则称为外存储器。

（三）计算机基本硬件

1. CPU

CPU 的功能主要取决于频率、二级缓存与三级缓存，以及核心数量。频率越高，二级、三级缓存越大；核心越多，运行速度越快；速度越快的 CPU，三级缓存对响应速度的影响越大。

2. 内存

一般来说，内存越大，处理数据能力越强，而处理数据的速度主要取决于内存属于哪种类型（如 DDR3 就比 DDR 处理得快）。

3. 主板

主板是处理芯片的承载器，如：笔记本 i945 比 i910 芯片处理能力更强，i965 又比 i945 芯片在处理数据的能力更强些，依此类推。

4. 硬盘

硬盘分为固态硬盘（SSD）、机械硬盘（HDD）、混合硬盘（SSHD），固态硬盘速度最快，混合硬盘次之，机械硬盘最差。首先，越大的硬盘存的文件就越多。其次，硬盘的数据读取与写入速度和硬盘的转速成正比（硬盘有高速硬盘和低速硬盘，高速硬盘一般用在大型服务器中，如 10 000 转、15 000 转等；低速硬盘用在一般电脑中，如笔记本电脑）。

5. 显卡

显卡的处理能力与运行超大程序软件的响应速度有着直接联系，如运行图形软件以及玩大型 3D 游戏。显卡除了硬件级别上的区分外，也有“共享显存”技术。和一般自带显存芯片不同，“共享显存”需要从内存读取显存，以处理相应程序的需要。或有人称之为“动态显存”。这种技术更多用在笔记本电脑中。

6. 电源

电源如果功率稳定，一般 300 W 就足够一般家庭电脑的用功率。电源会直接影响到各个电子元件的稳定，电压以及电流都是影响电脑寿命的关键。

7. 显示器

显示器的接口会影响显示色彩、效果、刷新率等，常见接口包括 DVI、HDMI、VGA 接口等。

拓展阅读

处理器体系结构快速构建与智能生成

现有通用处理器和专用处理器设计尚未形成 OOA 的设计方法，但已有部分工作开始关注处理器体系结构的快速构建与智能生成。

1. 通用处理器 CPU 快速构建

通用处理器自动生成首先在应用定制指令集处理器（application-specific instruction set processors，ASIP）受到广泛关注和应用，使用户可针对特定的应用定制高度优化的结构参数和定制指令。典型的 ASIP 自动化开发工具包括 Tensilica 的 Xtensa 开发工具集（Xplorer，XCC，XPRES，XTMS，XEnergy）、CoWare 的 Processor Design、University of Campinas 的 ArchC 以及新思科技推出的 ASIP Designer 等。其中 ArchC 是一种基于 SystemC 的开源体系结构描述语言，允许用户对新的体系结构进行探索和验证，并生成包括模拟器和协同验证接口在内的软件工具链；而 ASIP

Designer 则是一套针对领域专用处理器的开发流程自动化工具。

其次，现有的通用 CPU 都是性能为导向的紧耦合设计方法，不同流水线需要提供完全不同的设计。美国加州大学伯克利分校的开源处理器核 Rocket-Chip 将处理器核按 IP 粒度进行分解，是一个可自动完成通用处理器核、缓存、互连和完整 SoC 集成的自动生成框架。然而，Rocket-Chip 自动生成框架仅支持顺序单发射流水线。为了实现更为复杂的多发射乱序流水线，加州大学伯克利分校又不得不重新开发了 BOOM 处理器核及自动生成框架。与此同时，北卡罗来纳州立大学在 2011 年开发了 FabScalar 项目，将处理器流水级进行了封装。它以一种规范形式设计超标量处理器，使用户可便捷快速地设计出不同超标量宽度、流水线深度及用于提取指令级并行性（ILP）的结构大小的处理器。2018 年 Zhang 等人研发的 CMD 框架面向通用处理器架构设计，约定了一整套各模块的接口，在内部进行迭代，并在 Bluespec 综合器指导下修改代码设定转发与竞争端口的优先级。但 CMD 框架目前仅支持一种流水线设计，尚不能通过灵活配置扩展支持其他复杂流水线结构。

国内在通用处理器 CPU 自动生成框架的研究尚处于起步阶段。虽然国内学者近年来已设计并实现了众多基于不同指令集架构的通用处理器芯片，但这些处理器核都基于传统的 Verilog 硬件描述语言进行开发，尚不能针对实际应用场景进行体系结构的快速构建。中国科学院大学在基于 RISC-V 指令集架构的处理器核敏捷开发及快速构建领域进行了尝试，使用 Chisel 语言开发了单发射顺序流水线结构的 NutShell 处理器核，对处理器核的流水线结构的抽象进行了探索。NutShell 处理器核在顶层对经典单发射顺序流水线结构进行了抽象，将处理器核的流水线结构进行了封装，并对部分处理器功能部件进行了封装，使得处理器的设计更为直观。但 NutShell 处理器核仅仅实现了顺序单发射流水线结构，尚不能扩展到复杂的处理器流水线结构中。此外，国内学者也尝试面向专用领域计算需求的 RISC-V 指令集架构扩展及多核架构自动生成等方面的研究工作，支持 SHA-3 加解密算法及卷积神经网络算法的加速。

2. 专用处理器 XPU 智能生成

降低芯片设计门槛并提高芯片设计效率，本质上可以大幅度降低芯片设计成本，有助于芯片设计在更加广阔的领域应用。在这样的愿景驱动下，工业界和学术界都进行了大量的探索。

理想的 XPU 敏捷设计要满足至少 3 个方面的特征：① 大幅度降低领域专用

XPU 设计门槛，使得领域应用人员能够用高级语言进行 XPU 的设计，这样才能有更多的领域应用受益于 XPU 的硬件加速和能效提升；② 大幅度提高 XPU 的设计效率，缩短 XPU 的设计周期，才能有效地降低研发成本，满足市场的 time-to-market 需求；③ 要保证 XPU 的设计质量，才能有足够的性能和能效提升。此外，优化的 XPU 设计才能减少芯片面积开销，降低流片成本。而目前的通用型的敏捷芯片开发技术还远远不能满足这些标准，探索用于领域专用 XPU 设计的新方法具有重要的意义。

可以发现，领域应用的计算核心通常都已经在通用处理器系统上做了充分的抽象，领域应用的计算核心往往也只有几个有限的计算模式，这些计算模式具有较强的可重用性。针对领域应用的这些特点，已经有很多专用的 XPU 设计工作，总体上可以分为 3 种类型：

（1）针对领域应用编程框架的设计方法。其核心思想是重用已有的软件编程框架来进行硬件加速器设计，来保证硬件加速器能够无缝地支持领域应用。典型的如针对深度学习加速的自动综合算法 Deep-Burning，初步实现了以当前使用较多的 Caffe 深度学习框架的神经网络模型配置文件为输入，通过算法引擎自动生成 FPGA 硬件网表，大幅降低了神经网络处理器的设计周期；针对图计算加速的工作如 Graphicionado，FPGP，ForeGraph，Accu-Graph 等都普遍以软件图计算框架（gather-applyscatter，GAS）为基础来进行硬件优化。

（2）基于可重构硬件模板的加速器设计方法。其核心思想是将应用变换成硬件模板支持的模式，然后重用或者定制可重构加速器模板，实现领域应用的加速。典型的硬件模板有用于矩阵运算或者张量运算的二维脉动阵列，以及用于 Stencil 计算的一维计算阵列。

（3）基于领域专用语言（domain specific language，DSL）的自动化设计方法。本质上类似于高层次综合（high level synthesis，HLS），但是由于应用场景往往更加局限于领域应用，因此可以将领域知识一定程度地显式体现在 DSL 中，从而使得 DSL 的描述能够编译成更加高效的硬件。典型工作如 HalideCL，主要是利用 Halide 语言描述图像类应用，结合图像计算中的多层嵌套循环特点，支持丰富的数据切割和并行优化，以生成更加高效的硬件设计。

在 XPU 设计过程中，充分利用领域应用知识，根据领域应用的特点如计算模式、访存特点、并行模式等，可以显著影响 XPU 的设计门槛、设计效率以及设计质量。

然而,应用的覆盖上仍然有很大的局限性,Halide 并不能支持图计算,基于编程框架的方法也难以应用到图像类应用中去。

从技术发展的角度看,面向领域应用的 XPU 敏捷设计方法,可以大幅度地降低 XPU 设计门槛并同时显著提高 XPU 设计效率。

(资料来源:包云岗等,《处理器芯片敏捷设计方法:问题与挑战》,有删改)

(四)网线具体分类

1. 五类网线

五类网线支持百兆的传输速率,信号频率为 100 MHz,传输的最高速率是 100 Mbps,外表皮一般标有“CAT.5”的字样,比较容易辨识。但由于信号频率传输慢等原因,五类网线已慢慢被淘汰,取而代之的是超五类线。

2. 超五类网线

超五类网线是网线的“主力军”,市面上流通的网线以超五类网线为主。超五类网线所支持的最高传输速率高达 1 000 Mbps,一般用于 100 Mpbs 的网络中;相对于五类网线,超五类网线衰减更小,抗干扰能力更强;超五类网线的表皮标有“CAT.5e”的字样。

3. 六类网线

随着千兆组网的流行,六类网线也慢慢开始流行,支持千兆网络,经常被称为“千兆网线”。六类网线提供了 200 MHz 的综合衰减对串扰比和整体 250 MHz 的带宽;六类网线主要用于千兆网络中,传输性能要远高于超五类网线的标准。六类网线的表皮标有“CAT.6”的字样。

(五)注意事项

(1)保存好所有的驱动程序安装盘。原装的虽然不是最好的,但它一般都是最适用的。最新的驱动,不一定能更好地发挥老硬件的性能,不要过分追求最新版的驱动。

（2）每周维护。删除垃圾文件，整理硬盘里的文件，用杀毒软件深度查杀一次病毒。一个月左右做一次碎片整理，运行硬盘查错工具。

（3）删除不需要的文件，清空回收站，养成定期清理计算机的习惯。

（4）备份重要文件。如果有习惯将文件放在“我的文件”里，那么建议将“我的文件”的存放路径转移到非系统盘里。方法：在桌面“我的文件”上点右键，选择属性，里面可以更改“我的文件”的存放路径。这样最大的好处就是如果重装系统，不会因为文件丢失而造成事故。

（5）不要在机箱上放很多东西，特别是机箱后面放太多东西会影响计算机散热。

（6）一般情况下不要在计算机工作的时候移动机箱。

（7）不要让音箱与显示器靠太近，也不要让计算机靠近带电磁辐射的家电，尽量让手机远离计算机。

（8）删除 Internet 临时文件。

（9）桌面上和快速启动栏里不要放太多东西，也不要放太多的快捷方式。

（10）如果有其他备份方式，尽可能禁用系统还原。

实践开展

微课：诊断、使用、优化计算机——计算机拆装

（一）活动工具准备

螺丝刀、尖嘴钳、镊子、万用表、压线钳、剥线钳、网线检测器、水晶头、网线线缆、手套。

（二）活动前准备

（1）了解电脑组装的基本原理，熟悉并认识各个模块的安装位置。

（2）用手摸一摸接地的导电体，如自来水管等，在安装前释放人体身上的静电。如果有条件，可配戴防静电环。

（3）检查计算机各零部件是否齐全，外表是否有损坏，这些问题都可能导致计算机工作不稳定，甚至不能工作。

（4）将组装零件轻拆，按顺序摆放至桌面。

（三）活动中要求

（1）安装CPU/散热器：首先把CPU安装到主板上，然后装好CPU散热器。

（2）安装内存：把内存安装在主板上。也可先将主板安装在机箱上，并在安装好硬盘、光驱后再安装内存。

（3）拆开机箱：用螺丝刀取下机箱上的螺丝钉，拆卸机箱两侧的挡板。

（4）安装电脑主板：将主板平稳放入机箱底板上面，然后用螺丝钉小心固定。

（5）安装电源、硬盘和光驱：将电源安装到机箱中，把硬盘和光驱安装到机箱的相应位置上。

（6）安装板卡：将显卡、声卡等扩展板卡安装在主板的扩展插槽上。

（7）连接机箱连接线：即连接机箱电源开关、指示灯、PC喇叭、前置音频、USB连接线，以及硬盘、光驱等的电源线和数据线。

（8）检查安装、连接正确无误后，整理机箱内的线材，然后把机箱挡板恢复原样。

（9）连接外部设备：分别连接键盘、鼠标、显示器和音箱（或耳麦），最后连接电源线。

在把水晶头的两端都接好后即可用网线测试仪进行测试，如果测试仪上8个指示灯都依次为绿色闪过，证明网线制作成功。如果任何一个灯为红灯或黄灯，都证明存在断路或者接触不良现象，此时最好把两端水晶头再用网线钳压一次，再测，如果故障依旧，再检查一下两端芯线的排列顺序是否一样，如果不一样，就剪掉一端重新按另一端芯线排列顺序制作水晶头。如果芯线顺序一样，但测试仪在重测后仍显示红色灯或黄色灯，则表明其中肯定存在对应芯线接触不好的问题。此时需要先剪掉一端，按另一端芯线顺序重做一个水晶头，再测，如果故障消失，则不必重做另一端水晶头，否则需要把原来的另一端水晶头也剪掉重做，直到测试全为绿色指示灯闪过为止。

（四）课堂实践演练

请同学们每 2 人为一组，一位同学操作，另一位协助，并适时交换角色，通过课堂实践演练，学会拆装机箱、更换零部件、制作网线等，将所学理论知识转化为实践操作，提升运用能力。

◆ **演练情景 1：** 打开机箱，将电源安装在机箱中。在主板的 CPU 插座上插入 CPU 芯片并涂抹导热硅脂，安装散热片和散热风扇。将内存条插入主板的内存插槽中。将主板安装在机箱中主板的位置上，并把电源的供电线插接在主板上。将显卡安装在主板的显卡插槽上。声卡都是 PCI 接口，所以将声卡插入 PCI 插槽中。在机箱中安装硬盘、光驱，并将数据线插在主板相应的接口上，接好电源线。将机箱面板控制线与主板连接，包括各种开关、指示灯、PC 喇叭的连接。将显示器的信号线连接到显卡上。加电测试系统是否能正常启动。

温馨提示：如果能正常启动（听到“滴”的一声，并且屏幕上显示硬件的自检信息），那么关掉电源继续下面的安装操作。如果不能正常启动，就要检查前面的安装过程是否存在问题，部件是否损坏。将机箱的侧面板安装好，检查固定螺钉。安装鼠标和键盘等外设连线，接好电源，全部组装工作完成。

◆ **演练情景 2：** 小李的电脑损坏了，但还有部分零件可以正常工作，于是便买来替换零件，想将这台电脑组装好。

温馨提示：要深刻认识损坏零件的安装位置和机理作用，准备好相应工具，在更换之前释放人体静电，保证安全。

◆ **演练情景 3：** 小明从小就喜欢视频拍摄，但是因为自己的电脑性能不够良好，总是出现画面卡顿、运行速度缓慢、闪退甚至是无法打开的现象，严重影响工作效率和质量。于是他萌生了升级部分硬件的想法。

温馨提示：更换 CPU 和内存条可在很大程度上解决此类问题。

微课：
诊断、使用、优化计算机——网线制作

◆ **演练情景 4：** 小李同学想要小明同学电脑上的某软件，但是宿舍没有网，于是想到了制作一根网线，使两台电脑之间相互通信。

温馨提示：

（1）用压线钳的剪线刀口将线头剪齐，把线头放入剥线钳钳口，让线头触及挡板，后稍微握紧压线钳慢慢旋转，利用刀口划开双绞线的保护胶皮，拔下胶皮。

（2）将 8 条扭在一起的导线一一拆开，尽量伸直、压平，然后按照规定的线序排列整齐。

（3）按从左向右依次为橙白、橙、绿白、蓝、蓝白、绿、棕白、棕的顺序排列好，用压线销把线头剪平齐，保留约 14 mm，这个长度正好能将导线插入到各自的线槽，且水晶头也正好能压住护套，防止电缆从水晶头中脱出。

（4）用左手拇指和中指捏住水晶头，使有塑料弹片的一侧向下，针脚一方朝外，并用食指抵住；右手捏住双绞线外面的胶皮，缓缓将 8 条导线同时沿水晶头内的 8 个线槽插入，一直插到线槽的顶端。

（5）确认所有导线都到位，并检查线序无误后，将水晶头推入压线钳夹槽，然后用力握紧，将水晶头裸露在外的针脚全部压入水晶头内。

（6）按同样的方法制作网线另一端。

◆ **演练情景 5：** 网线测试。

温馨提示：在把水晶头的两端都做好后即可用网线测试仪进行测试，如果测试仪上 8 个指示灯都依次为绿色闪过，证明网线制作成功。如果出现任何一个灯为红灯或黄灯，都证明存在断路或者接触不良现象，此时最好先对两端水晶头再用网线钳压一次，再测，如果故障依旧，再检查一下两端芯线的排列顺序是否一样，如果不一样，就剪掉一端重新按另一端芯线排列顺序制作水晶头。如果芯线顺序一样，但测试仪在重测后仍显示红色灯或黄色灯，则表明其中肯定存在对应芯线接触不好的问题。此时就需要先剪掉一端，按另一端芯线顺序重做一个水晶头，再测，如果故障消失，则不必重做另一端水晶头，否则则需要把原来的另一端水晶头也剪掉重做。直到测试全为绿色指示灯闪过为止。

课外实践

通过这项活动，我们了解了计算机的发展，学习了计算机系统的基本构成、基本硬件以及网线的分类，掌握了一定的计算机维护技能，并在课堂上进行了演练。现在，请同学们根据自身所学，发挥工匠精神和奉献精神，在此基础上继续钻研，并帮助他人解决计算机故障。实践活动结束后，请主动与负责人或其他团队成员交流反馈，总结自己在活动中的表现和体会，并填写你的劳动实践记录卡和劳动实践评价表。

劳动实践记录卡

姓名		所属学院		行政班级	
活动主题				活动时间	
小组名称		小组成员			
活动目标					
活动过程					

续表

<table>
<tr><td>活动留影</td><td colspan="6"></td></tr>
<tr><td>活动中发现的问题</td><td colspan="6"></td></tr>
<tr><td>我存在的不足</td><td colspan="6"></td></tr>
<tr><td rowspan="4">活动收获</td><td colspan="6">知识技能</td></tr>
<tr><td colspan="6"></td></tr>
<tr><td colspan="6">劳动价值观</td></tr>
<tr><td colspan="6"></td></tr>
<tr><td>自我评价</td><td></td><td>活动小组长签字</td><td></td><td>学业导师签字</td><td></td><td></td></tr>
<tr><td>备注</td><td colspan="6"></td></tr>
</table>

劳动实践评价表

<table>
<tr><th>评级指标</th><th>二级指标</th><th colspan="2">评价标准与分值</th><th>评分</th></tr>
<tr><td rowspan="12">知识与能力
0.4</td><td rowspan="4">岗位学习工作主动性
0.2</td><td>对所分配岗位的学习内容主动扩展,实践积极性强并有很好的成绩</td><td>20</td><td></td></tr>
<tr><td>乐于学习新的服务内容,可很好掌握并实际运用</td><td>15</td><td></td></tr>
<tr><td>学习积极性不强,但可以掌握所需知识并基本完成实践</td><td>10</td><td></td></tr>
<tr><td>被动学习与实践</td><td>5</td><td></td></tr>
<tr><td rowspan="4">服务质量意识
0.1</td><td>实践服务的质量意识很好,有质量改进意识</td><td>10</td><td></td></tr>
<tr><td>服务的质量意识良好,所在岗位服务方面无错误,或经提醒后可以及时纠正错误</td><td>8</td><td></td></tr>
<tr><td>服务意识一般,在质量控制方面有缺陷记录</td><td>5</td><td></td></tr>
<tr><td>缺乏服务质量意识,有违反工艺要求现象</td><td>2</td><td></td></tr>
<tr><td rowspan="4">沟通能力
0.1</td><td>良好的沟通能力,与服务对象和本团队成员建立了非常好的关系</td><td>10</td><td></td></tr>
<tr><td>与服务对象有良好的关系,有问题时及时询问</td><td>8</td><td></td></tr>
<tr><td>有沟通愿望,但沟通方式方法还需提高</td><td>5</td><td></td></tr>
<tr><td>沟通不积极主动,只在被询问时给予回答</td><td>2</td><td></td></tr>
</table>

续表

评级指标	二级指标	评价标准与分值		评分
过程与方法 0.2	实践活动出勤情况 0.1	按时出勤	10	
		迟到或早退	5	
		缺勤	0	
	实践方法的有效性 0.1	独立操作能力强，操作规范，设备仪器使用熟练	10	
		实际劳技操作规范，工作细致耐心	8	
		完成项目结果明确、过程正确，达到预定目标	6	
		无法完成操作	2	
劳动态度、情感与价值观 0.4	责任感 0.15	对所分配岗位及团队工作具有责任感	15	
		对自身岗位有责任感，在提醒下能提升团队责任感	10	
		只关注自身岗位并且不愿扩大责任范围	5	
		不愿承担责任，将自己的任务转移给他人	0	
	团队合作表现 0.1	良好的团队精神，乐于与同学共同解决问题	10	
		良好的团队精神，与团队成员融洽相处	8	
		有团队合作意识，但只在推动下才能帮助别人	6	
		缺乏合作意识，与团队成员的合作效果不佳	2	

续表

评级指标	二级指标	评价标准与分值		评分
劳动态度、情感与价值观 0.4	安全意识 0.15	很强的安全意识，对不合理或违反安全规定的行为可以提出建议	15	
		良好的安全意识，拒绝不安全行为，遵守安全规定，日常工作中无安全错误	12	
		具备安全意识，但有轻微违反安全规定的情况，在提示下可以很快纠正错误	10	
		具备初级安全意识，有忽略安全保护的现象	8	
合计				

活动八　金属錾刻与锻制

活动目标

“金属錾刻与锻制”将非遗特色金属技艺引入劳动教育，具有很强的专业特色，学生在专业场景中体验、探索、研究“锻造”“錾刻”等工艺技术，自由设计并创制金属制品，能够从中体会到劳动的价值与获得感，提高学生参与劳动的积极性，达到动手出汗、增强意识、强化责任、提高技能的目的。

学时安排

4学时（课上2学时，实践2学时）

活动任务

通过本次活动，学生应了解安全教育中的安全生产知识，体验设备与工艺的图案设计、动手制作、金属制品表面处理和打标等劳动过程，最终制作出金属制品。

知识准备

（一）有色金属材料相关知识

有色金属中的铜是人类最早使用的金属材料之一。现代有色金属及其合金已成为机械制造业、建筑业、电子工业、航空航天、核能利用等领域不可缺少的结构材料和功能材料。

有色金属又分为有色重金属、有色轻金属、稀有金属、贵金属及半金属5类。所谓黑色金属是指铁和铁基合金（有时也包括铬和锰）。有色金属是指除铁和铁基合金（有时包括铬和锰）以外的一切金属的通称。有色重金属是指比重大于4.5的有色金属，有铜、铅、锌、镍、钴、锡、锑、汞、镉、铋等。有色轻金属是指比重小于4.5的有色金属，有铝、镁、钠、钙、锶、钡等。

贵金属是指在地壳中含量少、比重大（10.4 ~ 22.4）、熔点高、价格贵的有色金属。贵金属主要包括金、银和铂族金属（钌、铑、钯、锇、铱、铂）等8种金属元素。这些金属大多数拥有美丽的色泽，对化学药品的抵抗力相当强，在一般条件下不易引起化学反应。它们不但可以被用来制作珠宝和纪念品，而且还有广泛的工业用途。

（二）锻造与錾刻

1. 锻造

锻造是一种利用锻压机械或工具对金属坯料施加压力，使其产生塑性变形以获得具有一定机械性能、一定形状和尺寸锻件的加工方法。通过锻造能消除金属在冶炼过程中产生的铸态疏松等缺陷，优化微观组织结构，同时由于保存了完整的金属流线，锻件的机械性能一般优于同样材料的铸件。

微课：
錾刻工具及工艺流程

传统手工制品所采用的锻造技术一般是自由锻。自由锻采用简单的通用性工具，或在锻造设备的上、下砧铁之间直接对坯料施加外力，使坯料产生变形而获得所需的几何形状及内部质量的锻件的加工方法。采用自由锻方法生产的锻件称为自由锻件。自由锻以生产小批量锻件为主，采用锻锤、液压机等锻造设备对坯料进行成形加工，获得合格锻件。自由锻的基本工序包括镦粗、拔长、冲孔、切割、弯曲、扭转、错移及锻接等。

手工锻造（图8–1）是一种原始、古老的锻造加工方法，在我国已具有两三千年的历史，它是一种完全凭借人力，使用一些简易工具来进行的锻造。人类在进入工业化生产以前，大部分的金属器皿，尤其是日用器皿皆是手工锻造，上至宫廷用的皇家器皿如金银器，下至平民百姓用的锅、盆、壶等。最适宜锻造的金属是紫铜，因为它的延展性最好。在不断的敲打过程中，金属会变得越来越硬，但是经过退火，它又会变得柔软。薄的铜片在刚刚退完火时甚至用手都能弯折。纯银也是非常柔软的材料，在锻造中可塑性也非常强（图 8-2）。

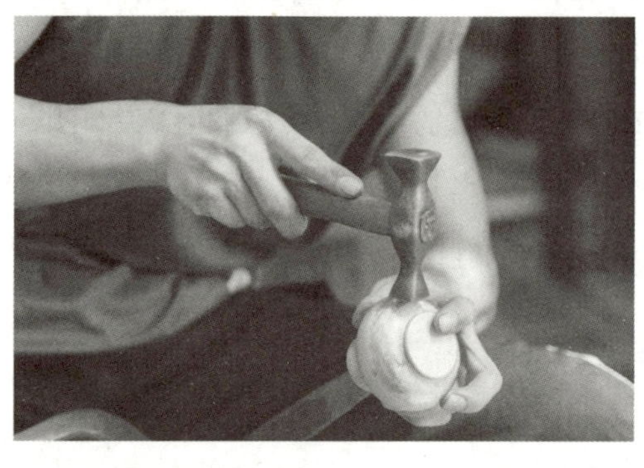

图 8-1
手工锻造

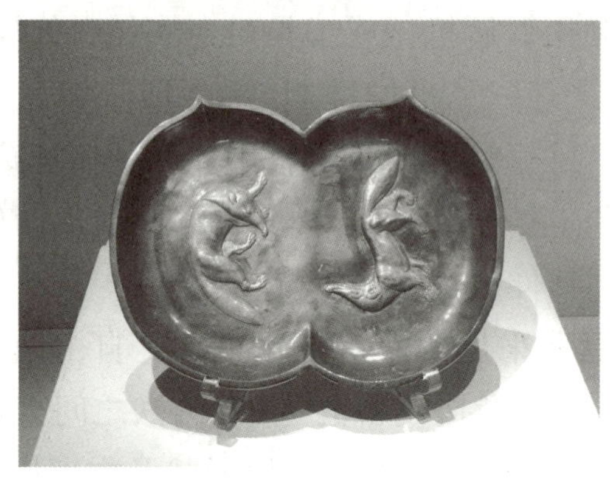

图 8-2
唐代浮雕锻造鎏金银盘

手锻工具按其功能和用途可分为基本工具、辅助工具、测量工具三大类（图 8-3）。用来直接使坯料发生变形的工具称为基本工具。只是用来夹持、翻转和移动坯料或锻件的工具称为辅助工具。用来度量坯料和锻件尺寸或形状的工具称为测量工具，如直尺、卡钳、样板等。

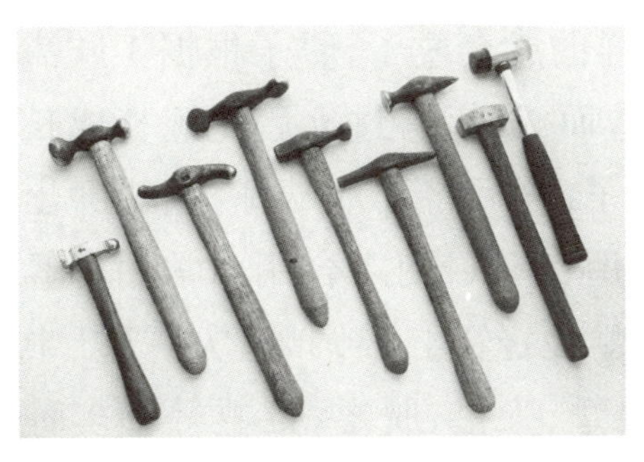

图 8–3
常用手工锻造工具

2. 錾刻

錾刻，《说文解字》载，“錾，小凿也”“刻，镂也”，指先凿后镂，延伸为按照拟定图案，在金属器具之上使用相应小凿雕刻。从出土的商周青铜器、金银器上的一些錾刻文、镶嵌和金银错等文物标本可知，此种工艺距今已有数千年的历史，它利用金、银、铜等金属材料的延展性，按照一定的工艺流程，以特制的工具和特定的技法，在金属板上加工出千变万化的浮雕状图案（图 8–4）。

錾刻工艺品的造型主要分为平面的片活和立体的圆活，片活通常平装在某些器物上或悬挂起来供人欣赏，圆活则多作为实用器皿使用。完成一件精美的錾刻作品需要十多道工艺程序，操作者除了要有良好的技术外，还要能根据加工对象的需要自己打制出得心应手的錾刻工具，打制工件的金属板材，调制固定工件的专用胶料并配制焊药、摹绘图案等。

图 8–4
唐代莲花纹錾刻银碗

操作时使用的主要工具是各式各样的成套錾子，錾子根据工匠需要进行制作，采用工具钢或弹簧钢锻造而成，钢料过火后先锤打成长约 10 厘米、中间粗两头细的枣核形坯子，之后将其前端锤打、错磨出所需要的形状，再经热处理，并反复打磨、调试，使之合用。常用的錾子大小不等，包括勾錾、直口錾、双线錾、发丝錾、半圆錾、方踩錾、半圆踩錾、鱼鳞錾、鱼眼錾、豆粒錾、沙地錾、尖錾、脱錾、抢錾等十多种（图 8–5）。

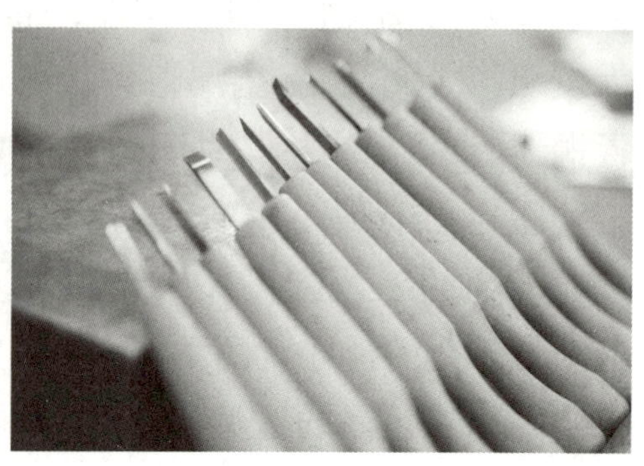

图 8–5
常用錾刻工具

拓展阅读

小锤敲过一千年

云南省鹤庆县草海镇新华村位于鹤庆县西北部凤凰山脚下，一个集田园风光、民居、民俗和民族手工艺品生产加工为一体的白族村寨；新华村依山傍水，登上凤凰山，可饱览鹤庆坝的锦绣田园风光。村寨中的黑龙潭清澈见底，水中密布着星星点点、洁白如玉的海菜花，小水鸭游弋其间。风平浪静时，四周景物和蓝天白云倒映潭中。潭水经过东面出口流入漾弓江，出水口处还保留着过去的水磨、水车。村东南一公里处是一片 2 000 多亩的草海，水域宽阔，水草丰盛，盛产莲藕、菱角、海菜花或鱼虾。每年夏季，荷花怒放，呈现一派难见的高原水乡景色。

新华村历史悠久，历史上是茶马古道的必经之地。“中国银器看云南，云南银器看新华。”在距今一千多年前的南诏时期，白族聚居的新华村（原名石寨子）便开始了银器的手工制作。其独具特色、精美绝伦的手工艺品沿着茶马古道进入西藏、甘肃，又远销印度、尼泊尔、巴基斯坦、缅甸、泰国等地，新华村因此成为东南亚最大的手工银器集散地。2014 年，鹤庆银器锻制技艺被列入第四批国家级非物质文化遗产代表性项目名录。

走进新华银器小镇，一座高 6.8 米、宽 12.8 米，用 2.8 吨纯银制作的牌坊映入眼帘。这座银牌坊雕龙画凤、飞檐斗拱，其上“中国银器第一村”熠熠生辉。漫步在小镇中，只听见家家户户都发出叮叮咚咚的响声，正所谓“户户有手艺、家家有作坊”，一把把小锤，叩响了云南银器的历史之门。鹤庆新华村的银匠们，常年游历，学习各地银饰、银器文化，提高自身的银器加工制作技艺，秉持“千锤百錾、守正创新”的理念，精心打造民族手工艺特色产业集群。如今，鹤庆县建设完成了集生产、加工、销售为一体的省级特色小镇——新华银器小镇，各类银制工艺品从这里销往全球各地。

截至目前，小镇内有“鹤庆银器锻制技艺”非遗传承人 82 人，其中，国家级 2 人、省级 3 人、州级 9 人、县级 68 人。同时还培养了一大批手工银器加工的能工巧匠，吸引了部分高校师生到小镇开展教学实践，进一步促进了新华村民族手工艺的蓬勃发展。

（资料来源：《美丽云南（第三季）》，有删改）

（三）金属锻造与錾刻的过程

金属錾刻与锻造劳动过程包括图案与造型设计、金属锻造成形、退火、金属錾刻、器物的表面处理等操作步骤。

1. 图案与造型设计过程

学生可自由设计纸质图案（手绘或电脑绘制），加入创新的外观元素，将图案绘制到金属薄板上再进行錾刻，也可自行设计勺、杯垫、环等形状进行造型。

2. 金属锻造成形过程

学生根据器物的形状选择冷锻或热锻。冷锻主要采用圆头长颈锤进行锻打，锻打中通过控制力度以达到所需深度，锻打过程可以加大力度，使其加速成型，此过程中也要注意力度，不能将材料打穿。在加速锻打时，制品边缘如出现卷曲的情况，可将制品倾斜，使其边缘与模型边缘接触，用锤子轻敲，敲的过程中转动边缘，锤子保持只打一个点以消除卷曲。冷锻过程中如果产生了加工硬化，需要及时进行退火，退火加热时间一般控制在5分钟左右。热锻需严格遵守安全操作规范，在老师的指导和监督下，采用高频炉加热锭坯，以空气锤击打的方法进行锻造。锻打时，学生需用钳子夹住坯料，通过在锤头与铁砧间翻转移动坯料达到塑型的目的。

3. 金属錾刻过程

学生需根据自行设计的錾刻图案，采用印蓝纸将图案印画到金属薄板上，选取平口、圆点、弧形錾刻刀等合适的錾刻工具，用小平锤轻击錾刻刀，使其沿图案线条移动，在金属薄板表面“走线”，使金属表面产生塑性变形，最终勾勒出图案轮廓。

4. 表面处理过程

退火后的金属器物表面出现氧化层，采用稀硫酸酸洗的方法处理表面氧化层，把金属件放到酸洗池中浸泡半小时左右，再用钳子将其拿出用清水冲洗，并用抛光棉进行抛光。

（四）注意事项

（1）金属錾刻与锻造需使用加热设备、锻打设备以及许多辅助工具。加热设备主要有喷枪及电炉。加热炉和灼热的工件辐射大量热能，喷枪使用的各种燃料燃烧会生产炉渣、烟尘，所以要采取通风净化措施，避免伤害事故。

（2）各种錾刻及锻造工具都对工件施加冲击载荷，因此有可能损坏工具和发生人身事故，如砸伤手指。锻造及錾刻工具工作时产生的振动和噪声影响人的神经系统，也会增加发生事故的可能性。因此应格外重视生产安全。

（3）锤击时，每一锤要轻打，等工具和锻件接触稳定后方可重击；

锻件未放在锤中心、未放稳或有危险时均不得锤击，以免损坏工具、模具或砸伤手臂、手指。

（4）进行退火作业时，烧红的坯料和锻好的锻件不准乱扔，以免烫伤他人。

实践开展

（一）活动工具准备

1. 锻造工具

平头锤、圆头锤、胶锤、铁马等。

2. 錾刻工具

錾刻胶板、錾子若干。

3. 辅助工具

燃气喷枪、水槽、剪刀、锉刀、抛光布、酸洗槽等。

（二）活动前要求

（1）正确穿戴工作服装，要求穿方便活动的长袖衣物、劳保鞋，并佩戴工作围裙，留长发者应束发。

（2）根据制作内容选择合适的工具，并将其清点并摆放至工作台面。

（3）正确认识工作过程中的危险源，如高温、旋转类工具及设备。

（三）活动中要求

（1）领取錾刻及锻造用金属板坯。

（2）根据目标器物的形状，使用锻造工具及模具对板坯进行锻造。

（3）当板坯出现明显加工硬化现象时应及时进行退火处理。

（4）设计錾刻图案，并在粗坯上使用印蓝纸绘制图案。

（5）使用錾刻锤工具在粗坯上进行錾刻。

（6）清洗成形器物，对表面进行抛光及钝化处理。

（四）课堂实践演练

请同学们每2人为一组，配合协作，完成图案设计、锻造、錾刻、表面处理这几道工序的课堂实践演练，将所学理论知识转化为实践操作，提升实际操作能力。

◆ **演练情景1：**图案设计。

温馨提示：所运用的纹饰纹样形式上分为几何纹样（如直线、圆形、菱形、曲线等）、异形纹样（如叶纹、花纹、波浪纹等）和具象图案等。

◆ **演练情景2：**锻造。

温馨提示：所采用的原料方坯尺寸为80×80 mm，圆坯尺寸为100 mm×100 mm。

◆ **演练情景3：**錾刻。

温馨提示：在錾刻过程中需要控制力度，不能击穿金属薄板。

◆ **演练情景4：**表面处理。

温馨提示：锻造及錾刻结束后，进行酸洗、抛光，酸洗主要去除器物表面的氧化皮，露出新鲜的金属表面；清洗晾干后，再使用抛光布等介质对其进行抛光处理，以露出金属光泽。

课外实践

通过学习，我们了解了金属錾刻与锻造的劳动过程，学习了有色金属的相关知识，以及锻造、錾刻的基本工具和工艺，现在请同学们熟悉安全事项与规程，进行图案设计，动手制作并完成对金属制品表面处理和打标等劳动过程。实践活动结束后，请主动与负责人或其他团队成员交流反馈，总结自己在活动中的表现和体会，并填写你的劳动实践记录卡和劳动实践评价表。

劳动实践记录卡

<table>
<tr><td>姓名</td><td></td><td>所属学院</td><td></td><td>行政班级</td><td></td></tr>
<tr><td>活动主题</td><td colspan="3"></td><td>活动时间</td><td></td></tr>
<tr><td>小组名称</td><td></td><td>小组成员</td><td colspan="3"></td></tr>
<tr><td>活动目标</td><td colspan="5"></td></tr>
<tr><td>活动过程</td><td colspan="5"></td></tr>
<tr><td>活动留影</td><td colspan="5"></td></tr>
<tr><td>活动中发现的问题</td><td colspan="5"></td></tr>
<tr><td>我存在的不足</td><td colspan="5"></td></tr>
</table>

续表

<table>
<tr><td rowspan="4">活动收获</td><td colspan="5">知识技能</td></tr>
<tr><td colspan="5"></td></tr>
<tr><td colspan="5">劳动价值观</td></tr>
<tr><td colspan="5"></td></tr>
<tr><td>自我评价</td><td></td><td>活动小组长签字</td><td></td><td>学业导师签字</td><td></td></tr>
<tr><td>备注</td><td colspan="5"></td></tr>
</table>

劳动实践评价表

<table>
<tr><th>评级指标</th><th>二级指标</th><th colspan="2">评价标准与分值</th><th>评分</th></tr>
<tr><td rowspan="4">知识与能力
0.4</td><td rowspan="4">岗位学习工作主动性
0.2</td><td>对所分配岗位的学习内容主动扩展，实践积极性强并有很好的成绩</td><td>20</td><td></td></tr>
<tr><td>乐于学习新的服务内容，可很好掌握并实际运用</td><td>15</td><td></td></tr>
<tr><td>学习积极性不强，但可以掌握所需知识并基本完成实践</td><td>10</td><td></td></tr>
<tr><td>被动学习与实践</td><td>5</td><td></td></tr>
</table>

续表

评级指标	二级指标	评价标准与分值		评分
知识与能力 0.4	服务质量意识 0.1	实践服务的质量意识很好，有质量改进意识	10	
		服务的质量意识良好，所在岗位服务方面无错误，或经提醒后可以及时纠正错误	8	
		服务意识一般，在质量控制方面有缺陷记录	5	
		缺乏服务质量意识，有违反工艺要求现象	2	
	沟通能力 0.1	良好的沟通能力，与服务对象和本团队成员建立了非常好的关系	10	
		与服务对象有良好的关系，有问题时及时询问	8	
		有沟通愿望，但沟通方式方法还需提高	5	
		沟通不积极主动，只在被询问时给予回答	2	
过程与方法 0.2	实践活动出勤情况 0.1	按时出勤	10	
		迟到或早退	5	
		缺勤	0	
	实践方法的有效性 0.1	独立操作能力强，操作规范，设备仪器使用熟练	10	
		实际劳技操作规范，工作细致耐心	8	
		完成项目结果明确、过程正确，达到预定目标	6	
		无法完成操作	2	

续表

评级指标	二级指标	评价标准与分值		评分
劳动态度、情感与价值观 0.4	责任感 0.15	对所分配岗位及团队工作具有责任感	15	
		对自身岗位有责任感，在提醒下能提升团队责任感	10	
		只关注自身岗位并且不愿扩大责任范围	5	
		不愿承担责任，将自己的任务转移给他人	0	
	团队合作表现 0.1	良好的团队精神，乐于与同学共同解决问题	10	
		良好的团队精神，与团队成员融洽相处	8	
		有团队合作意识，但只在推动下才能帮助别人	6	
		缺乏合作意识，与团队成员的合作效果不佳	2	
	安全意识 0.15	很强的安全意识，对不合理或违反安全规定行为可以提出建议	15	
		良好的安全意识，拒绝不安全行为，遵守安全规定，日常工作中无安全错误	12	
		具备安全意识，但有轻微违反安全规定的情况，在提示下可以很快纠正错误	10	
		具备初级安全意识，有忽略安全保护的现象	8	
合计				

活动九　传承手作　意韵绞缬

活动目标

此项活动以云南民间传统工艺——绞缬为劳动场景，学生通过了解绞缬工艺技术的过程，感受民间劳动人民在生产劳动中发现美和创造美的精神，在锻炼和提高动手能力、应变能力、艺术审美能力的同时，让学生体会到即使在平凡的工作岗位上，带着一份发自内心的热爱、认真负责的态度、克服困难的精神做好每一件事所收获到的价值感和满足感，能够有效提升学生劳动素养，让学生通过亲身实践、感受生活的方式达到培育工匠精神、传承弘扬民族文化精神的目的，有助于学生自我价值的实现和社会责任感的强化。

学时安排

4 学时（课上 2 学时，实践 2 学时）

活动任务

绞缬也称扎染，是中国一种古老的纺染工艺。通过本次活动，学生应了解绞缬工艺这一民间工艺的起源、发展、特点、用途等，并在实际操作过程中熟悉图案设计、扎花、拓印、浸染、拆花等工艺流程，能够动手制作并完成作品，养成与他人分享、交流的合作态度，形成与技术相关联的经济意识、质量意识、环保意识、审美意识。

知识准备

微课：
云南民间绞缬工艺技法

（一）绞缬的基础知识

绞缬也称扎染，是中国一种古老的纺染工艺。染成的图案纹样神奇多变，色泽鲜艳明快，风格简洁质朴，且有令人惊叹的艺术魅力。绞缬工艺体现了艺术与技术完美结合的整体美，更折射出民族文化的光辉，具有浓郁的民族特色和较高的艺术价值。扎染在我国有着悠久的历史。该工艺始于秦汉，兴于魏晋、南北朝，盛于唐代。东晋时，此种工艺已在民间广为流传。南北朝时期，出现了历史上有名的“鹿胎紫缬”和“鱼子缬”图案。到了民国时期，居家绞缬已十分普遍，以一家一户为主的绞缬作坊密集著称的周城、喜洲等乡镇，已经成为名传四方的扎染中心。绞缬以青白二色为主调构成一个宁静平和的世界，即用青白二色的对比来营造出古朴的意蕴，往往给人以“青花瓷”般的淡雅之感，将平和与宽容体现在扎染的世界中。

绞缬工艺与其他手工艺一样，“工”并不是一种模式化的手段传袭，而是一种熟谙“料性”之后的游刃有余，“指尖行针，花色为美”，扎花的“手艺之静”，染色的“自然共情”，所蕴含的人文之温便是“工”的价值所在，人类从劳动中发现和创造美，是“人与自然、人与物、人与人”的和谐交融，体现出巧妙的生活应对能力、环境适应能力和艺术审美取向。

绞缬作为中国三大传统纺织工艺之一，由来已久，在民间中广泛流传，通过纺织形成不同大小的布料，通过绘图、制版、扎花、脱浆、染色、清洗、制型等工艺流程形成生活中不可缺少的桌布、布帘、床单、服装等用品。绞缬所运用的染料全部采用植物提取，如：板蓝根、紫草、杜仲等，具有环保效果。绞缬不仅代表着一种传统，当今的时装设计也常运用绞缬形成的图案作为元素，绞缬已经成为一种时尚文化潮流。绞缬如此受欢迎，是由于它特有的、有别于其他染织物的个性。它朴素自然，蓝地上的白花清雅，毫不张扬，符合人的情致，贴近人的生活，充满人性色彩，是由人民勤劳、质朴、纯洁、诚实、善良、乐观、开朗、热情等美好品格和情趣融合形成的。绞缬在人们心目中已成为特殊的文化象征和民族传统艺术的标徽。但随着制作染料的植物逐渐匮乏以及传统手工艺被先进的生产技术取代，绞缬工艺也面临濒临失传的危机。

（二）绞缬工艺流程

（1）根据所要创作的主题，把构想好的设计构思用可擦洗的马克笔绘画在透明塑料板上，把塑料板上的图案拓印在布料上。

（2）根据图案形态，结合扎结技法对布料进行扎花。扎结完成后，进行浸染，浸染不是一次完成，而是需要反复浸染 2 ~ 12 次使布料充分着色，浸染工序完成后，需要清洗晾干。

（3）把晾干的布料进行拆花处理，拆花是把之前扎结好的线拆除，拆除后逐渐看到成形的图案效果，最后再用熨斗把布料熨平。

（三）扎结种类

扎花有三十多种工艺，常用的几种扎结的技法有捆扎法、折叠扎法、平针缝绞法、卷针缝绞法、打结扎法、夹扎法、折线夹扎法、包豆子花法、综合捆扎法（图 9–1）。每种扎结在浸染后会形成独特的特定花纹，在掌握好单项的扎结技法后，组合运用会形成复杂而丰富的图案效果。

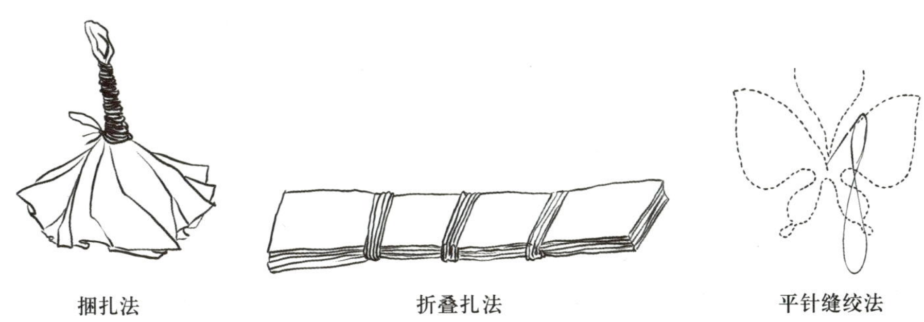

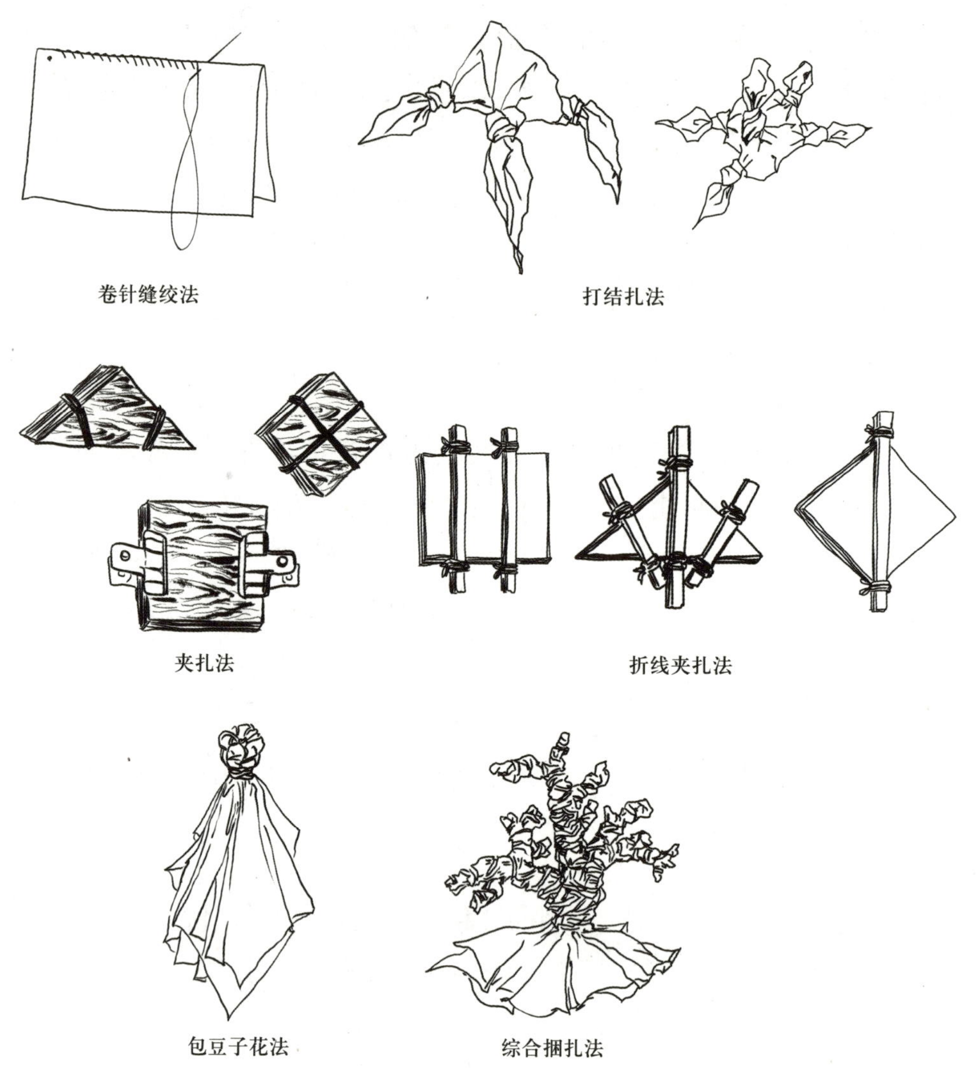

图 9-1
常见的扎结技法

拓展阅读

留住"大理蓝"：扎染技艺的传承与升级

在距离云南大理古城约 20 千米处，有一个被称为"白族扎染之乡"的地方——喜洲镇周城村。扎染技艺是这里家家户户必备的日常手艺。在村子深处，有一处扎染技艺传习所，青瓦白墙的院子里，处处都是随风飘舞的蓝白相间的扎染布料（图 9–2），有正在染布的年轻人，有摇着纺车吱呀作响的纺线老人，还有正在扎花的妇女。

图 9–2
云南大理的蜡染作坊

这些看起来普普通通的扎染产品，却走进各地的酒店、餐厅等商业场所。从小就生活在周城村的孩子童年的记忆中满是村里老奶奶吱吱呀呀的织布声和街头巷尾扎花阿姨的谈笑声。两汉时期，生活在大理地区的白族先民已经有了纺织业和使用植物染料染制的纺织品。唐（南诏）、宋（大理国）时期，白族扎染成了一项成熟的技艺。据传，生活在大理周城的段氏始祖段陇，曾经管理过大理国织染之业，历经世事沧桑，到了明代这一传统技艺才得以重新面世，周村的段氏家族将这一传统工艺代代传续，至第十八代即段树坤一代，得到进一步的发扬光大。2006 年，白族扎染技艺被列入第一批国家级非物质文化遗产保护名录。段树坤与段银开两夫妇在自家老宅里创办了大理市璞真白族扎染有限公司，2015 年，璞真综艺染坊被命名为国家级生产性保护示范基地，段银开、段树坤分别被命名为国家级、州级白族扎染代表性传承人；2017 年 11 月，染坊被命名为大理传统工艺工作站大理基地，在两夫妻的努力下也在这里建成了大理璞真扎染博物馆，将家庭式扎染作坊升级为集生产、展示、参观、体验为一体的扎染博物馆，供游客免费参观。

“扎染工艺复杂，本身又承载着民族文化记忆，这与工厂的流水线作业生产出来的产品有着本质区别。”蓝续品牌创办人张斌说，他们首先做的是改变扎染产品的价值体系，“以前的染布主要走低价批发的路线，卖不出价格，手艺人赚不到钱，就没有人来学习、传承”。好的价格体系需要产品质量的支撑。张斌多次前往浙江、贵州和四川等地学习当地的扎染技艺，融合到白族扎染技艺中。为了学习天然染缸发酵技术，他曾前往南通等地，跟着老师傅学习很久；在染料的创新上，张斌与张翰敏夫妻俩也不断摸索，到目前为止，研发出了五十多种色卡，全部源自大自然，比如板蓝根、核桃皮、柿子染色等，“我们开发了本土的核桃皮染色，色牢度非常高，而且里面有生物碱，可以驱蚊”。凭着对染料异常挑剔的选择，以及对染色时间、温度湿度的严格把控，蓝续的产品质量不断提升，最终不断开拓大客户市场。

产品质量的提升带来了经济效益，也带动了村民的参与积极性，如今村子里不少人都固定或者兼职为蓝续工作。“目前长期参与我们工作的村民有 50 人左右，这背后就是 50 户家庭，这个数字还不包括那些临时将布料拿回家做扎花等工作的村民”。张斌喜欢将公司称之为社区工作坊，他致力于将这些人培养成扎染骨干，带动社区工作坊的发展和扎染非遗技艺的传承。公司研发的本土核桃皮染色技术甚至也给村民带来了收益。“以前丢弃不用的核桃皮，现在可以拿来换一点零用钱。”张斌说。

随着近期大理旅游业复苏，白族扎染技艺传习所每天接待的体验客人络绎不绝。“现在有人说，有一种生活叫大理，如果让我用一种颜色形容大理，那就是‘大理蓝’。”张斌希望，就像蓝续的名字一样，将来可以有更多人参与进来，延续传承扎染技艺，留住“大理蓝”。

（资料来源：今日中国，有删改）

（四）注意事项

（1）绞缬工艺需要用针线进行操作，过程中需注意操作安全，不能将工具乱丢、乱放，避免戳伤手指或造成其他部位伤害事故。

（2）在染色时，注意佩戴围裙和手套，避免染料弄脏衣服，现在化工染料繁多，染到手指和衣服不易清洗。

（3）进行褪色煮布操作时，注意电磁炉和插板操作得当，以免漏电触电。

（4）在操作结扎过程中，注意按照设计的图案走向进行扎花，正确地运用扎染的基本方法，根据自己所设计的图案进行实际操作。

（5）活动结束后，要清理好桌面，收集整理材料工具，不可乱丢乱放。

实践开展

（一）活动工具准备

1. 染料类

七彩植物染料、蓝靛泥等。

2. 工具类

染织物、针和线、染料、搅拌棍、水桶、胶手套、剪刀。

3. 容器类

染锅、加热炉、盆等。

（二）活动前准备（布料绞缬前期处理）

1. 退浆

目的是除去浆料，可用碱液、氧化剂或淀粉酶等药剂加水沸煮布料退浆。用量：药剂为布重的 3%，水为布重的 30 倍左右。

2. 精炼

目的是除去纤维上的天然杂质及残留浆料。用量：烧碱为布重的 3%，水为布重的 30 倍左右。

3. 漂白

用于除去色素及残留杂质，常用次氯酸钠或氧化氢加水沸煮。用量：漂白剂为布重的 3%，水为布重的 30 倍左右。

4. 熨平待用

用电熨斗将漂洗过的布熨平以备描绘图案及捆扎用。

（三）活动中要求

（1）设计图案时可选用不同的纹饰纹样，包括几何纹样（如散点、圆形、菱形、环形等）、异形纹样（如叶纹、花纹、波浪纹等）和具象花纹等。

（2）根据设计图案进行扎结的技法处理，不同扎结形成的效果不一样，需要根据具体图案的需求选择和运用。扎花过程会重复多次相同扎花和不同扎花，掌握好单项的扎结技法，进行组合运用会形成复杂而丰富的图案效果。

（3）按步骤完成拓印、浸染、拆花等流程。

（4）在创作与动手的过程中思考："工"的"和谐共情"和"艺"的"自然之相"在绞缬工艺作品中是如何体现的？

（四）课堂实践演练

请同学们每 2 人为一组，配合协作，完成图案设计、扎花、拓印、浸染、拆花等工序的课堂实践演练，将所学理论知识转化为实践操作，提升实际操作能力的同时，体会劳动创造美的意境。

◆ **演练情景 1：**图案设计。

温馨提示：绘制的图案尽量是连贯的图形，这样图案最终呈现的完整度会很好。初次扎花尽量选用几何纹样或者随性图案。

◆ **演练情景 2：**扎花。

温馨提示：这是扎染关键性的一步，可以根据个人喜好选择扎多扎少，扎得越结实越密，颜色越少进入，越多留白，图案越清晰。

◆ **演练情景 3：**拓印。

温馨提示：拓印主要针对大型的扎染材料，如果是小的扎染材料，可以直接运用铅笔绘制上去，省去拓印的步骤。

◆ **演练情景 4：**浸染。

温馨提示：如果运用的是化学染料，需要在锅中倒入能没过布料的水，煮沸后戴上手套放入盐和染料，再放入布料。此时若布料已干，再冲一下凉水漫湿，一切就绪后调到小火继续煮 20 分钟左右。每隔 5 分钟将其翻一下，煮的火候依据个人喜好有所区别。想要达到发旧的效果，时间短一点，想要鲜艳的效果煮得时间长一点。如果是植物染料，把布料浸染入缸中半分钟即可，颜色深浅可以通过时间控制，浸染越久颜色越深。

◆ **演练情景 5：**拆花。

温馨提示：为使扎花图案效果明显，染色后需反复多次清洗染好布料的浮色，直至清洗水无染色，拧出水后再打开绳结、拆除线，展开布料晾干，最后用熨斗把布料熨平。

课外实践

通过学习，我们了解了绞缬制作的历史、工艺，掌握了相应的服务礼仪，并在课堂上进行了演练。现在，请同学们完成图案设计、扎花、拓印、浸染、拆花。实践活动结束后，请主动与负责人或其他团队成员交流反馈，总结自己在活动中的表现和体会，并填写你的劳动实践记录卡和劳动实践评价表。

劳动实践记录卡

姓名		所属学院		行政班级	
活动主题				活动时间	
小组名称		小组成员			
活动目标					
活动过程					

续表

<table>
<tr><td>活动留影</td><td colspan="6"></td></tr>
<tr><td>活动中发现的问题</td><td colspan="6"></td></tr>
<tr><td>我存在的不足</td><td colspan="6"></td></tr>
<tr><td rowspan="4">活动收获</td><td colspan="6">知识技能</td></tr>
<tr><td colspan="6"></td></tr>
<tr><td colspan="6">劳动价值观</td></tr>
<tr><td colspan="6"></td></tr>
<tr><td>自我评价</td><td></td><td>活动小组长签字</td><td></td><td>学业导师签字</td><td></td></tr>
<tr><td>备注</td><td colspan="6"></td></tr>
</table>

劳动实践评价表

评级指标	二级指标	评价标准与分值		评分
知识与能力 0.4	岗位学习工作主动性 0.2	对所分配岗位的学习内容主动扩展，学习实践内容积极性强并有很好的成绩	20	
		乐于学习新的服务内容，可很好掌握并实际运用	15	
		学习积极性不强，但可以掌握所需知识并基本完成实践	10	
		被动学习与实践	5	
	服务质量意识 0.1	实践服务的质量意识很好，有质量改进意识	10	
		服务的质量意识良好，所在岗位服务方面无错误，或经提醒后可以及时纠正错误	8	
		服务意识一般，在质量控制方面有缺陷记录	5	
		缺乏服务质量意识，有违反工艺要求现象	2	
	沟通能力 0.1	良好的沟通能力，与服务对象和本团队成员建立了非常好的关系	10	
		与服务对象有良好的关系，有问题时及时询问	8	
		有沟通愿望，但沟通方式方法还需提高	5	
		沟通不积极主动，只在被询问时给予回答	2	

续表

<table>
<tr><th>评级指标</th><th>二级指标</th><th colspan="2">评价标准与分值</th><th>评分</th></tr>
<tr><td rowspan="7">过程与方法
0.2</td><td rowspan="3">实践活动出勤情况
0.1</td><td>按时出勤</td><td>10</td><td></td></tr>
<tr><td>迟到或早退</td><td>5</td><td></td></tr>
<tr><td>缺勤</td><td>0</td><td></td></tr>
<tr><td rowspan="4">实践方法的有效性
0.1</td><td>独立操作能力强，操作规范，设备仪器使用熟练</td><td>10</td><td></td></tr>
<tr><td>劳技操作规范，工作细致耐心</td><td>8</td><td></td></tr>
<tr><td>完成项目结果明确、过程正确，达到预定目标</td><td>6</td><td></td></tr>
<tr><td>无法完成操作</td><td>2</td><td></td></tr>
<tr><td rowspan="8">劳动态度、情感与价值观
0.4</td><td rowspan="4">责任感
0.15</td><td>对所分配岗位及团队工作具有责任感</td><td>15</td><td></td></tr>
<tr><td>对自身岗位有责任感，在提醒下能提升团队责任感</td><td>10</td><td></td></tr>
<tr><td>只关注自身岗位并且不愿扩大责任范围</td><td>5</td><td></td></tr>
<tr><td>不愿承担责任，将自己的任务转移给他人</td><td>0</td><td></td></tr>
<tr><td rowspan="4">团队合作表现
0.1</td><td>良好的团队精神，乐于与同学共同解决问题</td><td>10</td><td></td></tr>
<tr><td>良好的团队精神，与团队成员融洽相处</td><td>8</td><td></td></tr>
<tr><td>有团队合作意识，但只在推动下才能帮助别人</td><td>6</td><td></td></tr>
<tr><td>缺乏合作意识，与团队成员的合作效果不佳</td><td>2</td><td></td></tr>
</table>

续表

评级指标	二级指标	评价标准与分值		评分
劳动态度、情感与价值观 0.4	安全意识 0.15	很强的安全意识，对不合理或违反安全规定行为可以提出建议	15	
		良好的安全意识，拒绝不安全行为，遵守安全规定，日常工作中无安全错误	12	
		具备安全意识，但有轻微违反安全规定的情况，在提示下可以很快纠正错误	10	
		具备初级安全意识，有忽略安全保护的现象	8	
合计				

活动十 绿植养护

活动目标

随着园林、室内绿植事业的日益壮大，将“绿植养护”引入到学生实践活动当中，学生在目标绿植的选择、种植、养护、造型修剪等方面可以直接融入大自然，有助于学生修身养性、陶冶情操，养成不急于求成的做事习惯，并能深刻地体会到劳动的价值与乐趣，培养学生的动手实践能力，提高学生分析问题、解决问题的能力。

学时安排

4 学时（课上 2 学时，实践 2 学时）

活动任务

通过本次活动，学生应了解绿植种类的选择、搭配、养分管理及造型设计等基本知识，熟练掌握绿植养护的相关技巧与各种劳动工具的正确使用方法。

知识准备

（一）认识绿植

1. 了解绿植

绿植是绿色观赏观叶植物的简称，大多生长于热带雨林及亚热带地区，一般为喜阴植物。因其耐阴性强，可作为室内观赏植物在室内种植养护。常见的绿植有：绿萝、巴西木、发财树、散尾葵、吊兰、青苹果、蓝宝石、龙血树、虎尾兰、绿巨人、绿帝王、黑美人等，都是根据叶形、叶色、株型等要素选育而成。

2. 绿植的优点

（1）净化空气。一些绿色植物可以有效地吸收由房屋装修而产生的有毒化学物质，比如吊兰、虎尾兰、一叶兰、龟背竹吸收甲醛的能力特别强；而金鱼草、牵牛花、石竹则能将毒性很强的二氧化硫经过氧化作用转化为无毒或低毒性的硫酸盐化合物；铁树、菊花、石榴、山茶等能有效地清除二氧化硫、氯、一氧化碳、过氧化氮等有害物质。

（2）增加室内湿度。一般来说，室内的相对湿度不应低于 30%，如果湿度过低会对人体健康产生不良影响。在室内种植一些对水分有高度要求的植物，比如绿萝、常春藤、杜鹃、蕨类植物等，会使室内的湿度以自然的方式增加，成为天然的加湿器。

（3）吸尘。有研究显示，兰花、花叶芋、红背桂等是天然的除尘器，他们植株上的纤毛能截取并吸附空气中飘浮的微粒及烟尘。如果房间内有足够数量的此类植物，那么房间中漂游微生物和浮尘的含量都会降低。

（4）消毒杀菌。紫薇、茉莉、柠檬等植物的花和叶片，5 分钟内就可以杀死白喉菌和痢疾菌等原生菌。蔷薇、石竹、铃兰、紫罗兰、玫瑰、桂花等植物散发的香味对结核菌、肺炎球菌、葡萄球菌的生长繁殖具有明显的抑制作用。

（5）放松身心。绿植不仅赏心悦目，还能提振我们的精神，纾解压力，放松身心。

（二）绿植养护常识

1. 温度

多数室内观叶植物花卉生长的适宜温度是 10 ~ 30℃，超过此区间则花卉生长会受到抑制，温度低于 5℃或高于 50℃会死亡。热带花卉耐低温能力差，寒带花卉耐高温能力差，因而冬季要防寒，夏季要遮阴降温。

2. 光照

光照是绿色植物花卉光合作用的源泉。不同的植物花卉对光照的强度、长短、光质有不同要求，一般室内观叶植物花卉喜阴，应避免烈日暴晒，但也需保持适当的光照。

3. 水分

观叶植物对水分的要求各有不同，但总体上应避免过干和过湿。过湿也会出现徒长、烂根、死亡；过干会出现萎蔫、黄叶甚至死亡。

4. 水质

最好用雨水、河水等软水，硬水通常呈弱碱性，其中的钙、镁等无机盐会危害植物花卉正常的生理活动，尤其南方花卉在碱性条件下会受到抑制，以致衰老死亡。自来水多为硬水，应存放 5～7 天再用。

5. 水温

水温与气温相差不要大，否则土壤温度突然改变，会使绿色植物花卉根系活动受到阻碍，减弱水分吸收，发生生理干旱。

6. 浇水方式

多数绿色植物花卉喜喷浇，这种浇水方式能降低气温，增加湿度，减少蒸发，冲洗叶面灰尘，提高光合作用，但盛开的花朵及茸毛较多的花卉不宜喷水。

7. 土壤与施肥

绿色植物花卉生长的土壤要求结构好、肥分充足、酸碱度适宜。结构好主要是指质地疏松、吸排水性好、持水性强、透气性好。肥力取决于氮磷钾及微量元素的含量，氮促进枝繁叶茂，磷促进花果生长，钾促进根系发达。肥力不足会导致植物发黄、枯死。通常两个月施肥一次，入秋后应停施氮肥，多施钾肥，利于越冬。

8. 病虫防治

绿色植物花卉的病害主要有煤烟病、白粉病、缺铁性黄化病等。

发生病害时要及时清除病叶、病株，改善环境，通风透光，加强土肥水管理，洗净染病枝叶，必要时辅以一定比例食醋、多菌灵等药剂喷洒。绿色植物花卉的虫害主要有蚜虫、介壳虫、红蜘蛛等，较轻时可用清水洗净，严重时可用药剂喷杀。

（三）室内绿植施肥

绿植是否生长良好，和施肥有直接关系。对于绝大多数的绿植来讲，常见的主要肥料分为三大类：氮肥、磷钾肥、复合肥。长茎长叶的时候以氮肥和复合肥为主，开花结果的时候以磷钾肥和复合肥为主。绿植生长所需的微量元素大部分可以在土壤中获得。对某种微量元素需求比较大的绿植，生长旺季可能需要对其补充一下微量元素，或者直接使用该种绿植的专用肥，专用肥里面除了含有氮磷钾，还会对这类绿植所需的其他微量元素有所倾斜。

1. 氮肥

（1）氮肥的功能。氮肥的主要作用就是促进枝叶生长，尤其对花卉叶子的生长有很大作用，有助于细胞分裂，使花草生长茂盛。植物缺氮就会失去绿色，呈色泽均一的浅绿或黄绿色，尤其是基部叶片。这会使植株矮小细弱，分枝分蘖少，侧芽呈休眠状态或枯萎，严重时会停止生长甚至死亡。使用氮肥过多，又容易使枝叶徒长，不开花结果。其表现是枝叶生长迅速，叶色浓绿，叶片肥厚宽大，油亮感强、抗病抗寒能力弱，容易倒伏等。

（2）常见的氮肥。常见的氮肥或者氮含量比较高的肥料有尿素、硫酸铵、碳酸氢铵、氯化铵、硝酸铵等，大多数跟“绿”字有关或者观叶绿植专用的肥料，都是氮元素含量比较高的肥。除此之外，人尿和各种动物的尿，也都是氮含量很高的氮肥。

（3）氮肥的使用。对观叶绿植而言，生长旺季以氮肥为主，让枝叶更加茂盛。但也不能长期只使用氮肥，可以氮肥和复合肥交替使用。比如绿萝、幸福树、发财树等，在温度合适时使用一两次氮肥后，就应当改施一次复合肥。或者用观叶绿植专用肥，这类肥是氮元素含量较多的复合肥，既保证了氮的供应，又能合理补充其他元素，不至于造成观叶绿植徒长或者抵抗力下降。对开花花卉而言，温度合适的情况下，氮肥一般在开花后修剪完使用，以促使新枝新叶萌发。比如春天茉莉花萌发新芽、杜鹃花花谢生长新芽、蟹爪兰花谢长新茎片等，都可以适当使用氮肥，让更健康的新芽新叶长出。像茉莉花、月季、三角梅等多季节重复开花的花卉，花谢以后长新芽就不建议单独使用氮肥，否则不容易复花。如果植株生长很弱，花谢后久久长不出新叶新芽，可以适当使用氮肥，在催出新芽后就要马上停止，改用其他类型的肥料，让植株边长枝边分化花芽。

微课：
自制钾肥

2. 磷钾肥

（1）磷钾肥的功能。磷钾肥能促进花卉根系、花芽、种子、果实的发育，同时能提高花卉抗病、抗寒、抗旱和抵抗其他恶劣环境的能力。植物缺磷会使植株生长发育受阻，分枝少，矮小，叶片出现暗绿色或紫红色斑点，茎秆呈紫红色，失去光泽。植物缺钾时，叶尖或叶缘发黄，呈变褐、焦枯似灼烧状，叶片上出现褐色斑点或斑块，但主脉附近仍为绿色。所以不管是观花花卉还是观叶花卉，都不能缺少磷钾肥的使用，只是观叶花卉使用少一点，观花花卉使用多一点，侧重点不同而已。对开花花卉来讲，磷钾肥不足很难开花。对于观叶绿植来讲，磷钾肥不足容易生病、黄叶等。

（2）常见的磷钾肥。常见的磷钾肥有磷酸二氢钾、过磷酸钙、氯化钾、鱼鳞虾壳、骨粉、鸡粪、飞禽粪便等等。总之，名字里含有磷、钾、开花之类字样的肥料，基本都是磷钾元素含量比较高的。有些肥料直接会注明开花花卉专用肥，这些也是磷钾含量高的一种复合型磷钾肥。

（3）磷钾肥的使用。对于观叶绿植，例如绿萝、金钱树、幸福树等，其他季节都可以不用单独施磷钾肥，但到了秋末最好施一两次磷钾肥。目的是增强抵抗力，使其顺利过冬。否则植株抵抗力太差，冬天气温下降很容易冻伤或者黄叶烂根。对长势较弱的花卉,不可以大量使用磷钾肥。因为磷钾肥使用过多必然会造成开花,开花消耗过多养分,可能导致植株逐渐枯死。有些花卉开完花就死亡,主要就是这个原因造成的。过弱的花卉应先施氮肥和复合肥,养好植株再让其开花。

3. 复合肥

(1)复合肥的功能。复合肥又叫全素肥或者通用肥,简单而言就是基本适用于任何花卉,并且功能全面,既能养根养叶,又能养花养果。一般复合肥含有的主要元素是氮、磷、钾,除此之外还会有一些微量元素。微量元素种类的多少和含量的多少,跟复合肥的种类有很大关系。

(2)常见的复合肥。农家肥就是一种常见而又简单的复合肥,不仅含有氮磷钾元素,还有丰富的微量元素,来源主要是各种畜禽粪便或农业废弃物,比如植物秸秆、菜籽饼等。

(3)复合肥的使用。复合肥养分比较均衡,适合各个生长阶段的花卉。腐熟好的农家复合肥、有机复合肥、缓释复合肥都可以做花卉生长的底肥,为花卉的基础生长提供能量,也可以作为绿植日常生长的基础肥料,维持生长。

(四)绿植的移栽种植

绿植移栽种植前应用碎瓷片或小鹅卵石把事先选好的花盆盆地的漏水孔进行堵塞,切不可堵严,需留有部分小空隙。种植时,先将选好的肥料与腐殖土混合均匀,用小铲子将一部分腐殖土转入花盆中,一般控制在花盆的 1/3 处(可根据植株根部大小进行调整),然后将植物移栽到花盆中,放置好后,再将剩余的腐殖土转入花盆,用小铲子轻轻压实,切不可将腐殖土装得太满(不利于后期的浇水工作及美观要求),一般离花盆口边沿 2 ~ 3 cm 即可。最后浇水,要慢浇水,直到腐殖土润湿。

（五）绿植造型的设计

日常生活中，可根据个人的想法和设计理念对移栽好的植物进行修剪。通常来说，绿植的造型设计要遵循以下几条原则：

（1）要是看到长得明显太长的分枝，一定要及时把它们都剪掉，但在修剪这些枝条的时候，不要从根部直接剪掉，否则容易造成植物枯萎，不会长出新的枝条，过于粗壮的枝条可利用小锯子进行修剪。

（2）修剪的时候，我们可以把盆栽顶部的芽摘除，这样可以让植物生出更多的分枝，避免植物向上生长过多，这样也有利于长出更茂盛的叶子。其次还可以把每个分枝上多余的芽掐掉，这样也可以促进植物长出更多的分枝。

（3）对于过度生长的根茎，看起来非常杂乱而且也比较稀疏，因此要及时剪掉。

（4）病枝、枯枝和细弱枝要剪掉，另外有些植物的大叶子可能会出现黑斑或者是黄叶的现象，这时候也要及时清除。

（5）要注重植株树形的修剪，减少不必要的营养消耗，使得枝叶疏密得当，通风透光性能良好，植株外形更加美观。

（六）绿植养护注意事项

（1）需要注意的是，肥料不要一次性施加太多，植株不能及时吸收会产生肥害，要根据情况适当补充，少量多次进行。

（2）在施肥的过程中要均匀地施放在土壤中，将肥料与土壤掺混均匀。

（3）在施肥的过程中佩戴手套，注意不要用沾了肥料的手触碰眼睛。如不慎沾到，请及时用大量清水冲洗直至缓解。

（4）施肥时，切记勿将肥料直接施撒在绿植叶面上。

（5）浇水时，注意水量，以土壤湿润为宜。

实践开展（以室内绿植为例）

（一）活动工具准备

绿植养护所用设备、耗材和工具主要有可供选择的各类绿植作物、手套、枝剪、小铁铲、锯子、花盆、腐殖土、肥料、碎瓷片或小鹅卵石、洒水壶等。

（二）活动前准备

绿植养护实践活动前应做好种植作物及花盆的选择、考虑同盆种植绿植之间的匹配、土壤及肥料的选择等。

（1）种植作物及花盆的选择中要注意花盆的外观要与绿植相匹配。

（2）同盆种植绿植之间的匹配，选择中要注意各类植物的共生、竞争、寄生等生长习性，不可以任意搭配。

（3）土壤及肥料的选择，要注意观叶类的植株应该多施氮肥，这样可以使得叶片鲜艳翠绿；观花观果类的植株应多施用磷肥、钾肥，这两种肥料可以促使植株提早开花、结果；球根类植株应多施用钾肥，能够很好地充实球根，强健植株等。

（三）活动中要求

（1）选定种植的作物及花盆。

（2）根据选择的作物，选定施用的肥料（N、P、K 等），添加肥料的时候，小心施用，勿沾到眼鼻口处。

（3）先把选好的肥料与腐殖土混合均匀，把混合土放置花盆的三分之一处，再进行植物移植，最后添加剩余的土壤并浇水。

（4）对移植的植物进行修剪。

（5）种植绿植使用的工具通常较为锋利，在修剪植株时，要注意使用方法，小心伤到手指。

（四）课堂实践演练

请同学们每 4 ~ 6 人为一组，根据自制钾肥的两种方法，按照要求进行制作。通过课堂实践演练，将所学的绿植养护知识内化并实践，提升知识运用能力。

◆ **演练情景 1：**由 2 ~ 3 名同学分别选择自己心仪的绿植，另外 2 ~ 3 名同学进行为其匹配花盆的演练。

温馨提示：花盆的外观选择要与绿植相匹配。

◆ **演练情景 2：**由 2 ~ 3 名同学分别选择自己心仪的同盆种植绿植，另外 2 ~ 3 名同学来分别对这些同盆植物的浇水频率、喜阴喜阳、施肥等方面的问题进行阐述。

温馨提示：注意各类植物的共生、竞争、寄生等生长习性，不可以任意搭配。

◆ **演练情景 3：**由 2 ~ 3 名同学任意选择自己心仪的种植作物，另外 2 ~ 3 名同学对所选择的绿植应如何选择土壤和施肥进行阐述。

温馨提示：分清观花还是观叶等种植目的。

◆ **演练情景 4：**由 2 ~ 3 名同学分别选择自己心仪的绿植，每两人一组共同完成绿植的移栽种植。

温馨提示：准备好花盆、碎瓷片、土壤、肥料、绿植、喷水壶等。

◆ **演练情景 5：**由 2 ~ 3 名同学准备好需要修剪的绿植，另外 2 ~ 3 名同学对所选择的绿植造型进行重新设计并修剪成型。

温馨提示：参看绿植造型设计部分的相关知识。

课外实践

通过学习，我们了解了绿植养护的相关知识，并在课堂上进行了演练。实践活动结束后，请主动与负责人或其他团队成员交流反馈，总结自己在活动中的表现和体会，并填写你的劳动实践记录卡和劳动实践评价表。

劳动实践记录卡

<table>
<tr><td>姓名</td><td></td><td>所属学院</td><td></td><td>行政班级</td><td></td></tr>
<tr><td>活动主题</td><td colspan="3"></td><td>活动时间</td><td></td></tr>
<tr><td>小组名称</td><td></td><td>小组成员</td><td colspan="3"></td></tr>
<tr><td>活动目标</td><td colspan="5"></td></tr>
<tr><td>活动过程</td><td colspan="5"></td></tr>
<tr><td>活动留影</td><td colspan="5"></td></tr>
<tr><td>活动中发现的问题</td><td colspan="5"></td></tr>
<tr><td>我存在的不足</td><td colspan="5"></td></tr>
</table>

续表

<table>
<tr><td rowspan="4">活动收获</td><td colspan="6">知识技能</td></tr>
<tr><td colspan="6"></td></tr>
<tr><td colspan="6">劳动价值观</td></tr>
<tr><td colspan="6"></td></tr>
<tr><td>自我评价</td><td></td><td>活动小组长签字</td><td></td><td>学业导师签字</td><td></td></tr>
<tr><td>备注</td><td colspan="5"></td></tr>
</table>

劳动实践评价表

<table>
<tr><th>评级指标</th><th>二级指标</th><th colspan="2">评价标准与分值</th><th>评分</th></tr>
<tr><td rowspan="6">知识与
能力
0.4</td><td rowspan="4">学习工作
主动性
0.2</td><td>对本岗位的学习内容有扩展，学习与工作主动性强并有很好的成绩</td><td>20</td><td></td></tr>
<tr><td>乐于学习新的工作内容，可很好掌握并实际运用</td><td>15</td><td></td></tr>
<tr><td>主动性不强，但可以掌握所需知识并基本完成实践</td><td>10</td><td></td></tr>
<tr><td>被动学习与工作</td><td>5</td><td></td></tr>
<tr><td rowspan="2">质量意识
0.1</td><td>质量意识很好，有质量改进意识</td><td>10</td><td></td></tr>
<tr><td>质量意识良好，质量控制方面无错误，或经提醒后可以及时纠正错误</td><td>8</td><td></td></tr>
</table>

续表

评级指标	二级指标	评价标准与分值		评分
知识与能力 0.4	质量意识 0.1	质量意识一般，在质量控制方面有缺陷记录	5	
		缺乏质量意识，有违反工艺要求现象	2	
	沟通能力 0.1	良好的沟通能力，与同学和本团队成员建立了非常好的关系	10	
		与同学有良好的关系，有问题时及时询问	8	
		有沟通愿望，但沟通方式方法还需提高	5	
		沟通不积极主动，只在被询问时给予回答	2	
过程与方法 0.3	实践活动出勤情况 0.1	按时出勤	10	
		迟到或早退	5	
		缺勤	0	
	实践方法的有效性 0.1	独立操作能力强，操作规范，设备仪器使用熟练	10	
		实际劳技操作规范，工作细致耐心	8	
		完成项目结果明确、过程正确，达到预定目标	6	
		无法完成操作	2	
	谨慎使用、处理物料 0.1	对物料谨慎使用，努力避免浪费	10	
		对如何谨慎使用物料有清楚的认识并能实施	8	

续表

评级指标	二级指标	评价标准与分值		评分
过程与方法 0.3	谨慎使用、处理物料 0.1	没有造成物品损失，但在理念上还有待提高	6	
		对物品的处理不够谨慎，有错误操作导致物料损失	2	
劳动态度、情感与价值观 0.3	责任感 0.1	对自身工作及团队工作具有责任感	10	
		对自身本岗位有责任感、责任，在提醒下能提升团队责任感	8	
		只关注自身工作并且不愿扩大责任范围	5	
		不愿承担责任，将自己的任务转移给他人	0	
	团队合作表现 0.1	良好的团队精神，乐于与同学共同解决问题	10	
		良好的团队精神，与同学融洽相处	8	
		有团队合作意识，只在推动下才能帮助别人	6	
		缺乏合作意识，与同学的合作效果不佳	2	
	安全意识 0.1	很强的安全意识，对不合理或违反安全规定行为可以提出建议	10	
		良好的安全意识，拒绝不安全行为，遵守安全规定，日常工作中无安全错误	8	
		具备安全意识，但有轻微违反安全规定的情况，在提示下可以很快纠正错误	6	
		具备初级安全意识，有忽略安全保护的现象	4	
合计				

活动十一 求职短视频制作

活动目标

随着5G技术不断发展和移动智能终端的日益普及，中国进入了名副其实的移动互联网时代。短视频具有播放时间短、拍摄门槛低、传播速度快、兼具娱乐性和社交性等特点，深度切合当前用户碎片化的使用场景，已成为人们日常生活中最常使用的应用之一。将短视频创业方案制作引入劳动教育，使学生了解短视频制作方法，培养运用网络媒体获取市场信息的能力，从中体会劳动的价值与获得感，达到尊重劳动、培养创造力、提高劳动技能、增强创业信心的目标。

学时安排

4学时（课上2学时，实践2学时）

活动任务

此项活动以求职为拍摄目的，要求参与活动的学生根据自己的实际情况，结合自身专业特点及能力确定视频目标用户群及内容，明确视频拍摄主题，设计视频亮点，编写拍摄脚本，完成视频拍摄并剪辑。

知识准备

（一）了解短视频

短视频即短片视频，是一种互联网内容传播方式，一般是在互联网新媒体上传播的时长在5分钟以内的视频。随着移动终端普及和网络提速，短、平、快的大流量传播内容逐渐获得各大平台、粉丝和资本的青睐。短视频通常在各种新媒体平台上播放，适合在移动状态和短时休闲状态下观看，这些高频推送的视频内容，时间为几秒到几分钟不等，内容融合了技能分享、幽默搞怪、时尚潮流、社会热点、街头采访、公益教育、广告创意、商业定制等主题。由于内容较短，短视频既可以单独成片，也可以组织成为系列栏目。

微课：
短视频制作

不同于微电影和直播，短视频制作并没有像微电影一样具有特定的表达形式和团队配置要求，具有生产流程简单、制作门槛低、参与性强等特点，又比直播更具有传播价值，超短的制作周期和趣味化的内容对制作团队的文案以及策划功底有着一定的挑战，优秀的短视频制作团队通常依托于成熟运营的自媒体或IP，除了高频稳定的内容输出外，也有强大的粉丝渠道。短视频的出现丰富了新媒体信息传播的形式。

拓展阅读

当前中国新媒体发展的十大趋势

直播和短视频仍处于黄金发展赛道

直播和短视频仍处于快速成长期。当前，互联网企业纷纷入局直播领域，直播功能成为社交、电商等移动应用的标配，众多电商平台纷纷开启直播卖货模式。“直播+”造就出万物皆可直播的景象，直播和短视频领域红利显著。2020年6月，国家网信办、全国“扫黄打非”办会同有关部门启动为期半年的网络直播行业专项整治和规范管理行动，这些国家监管措施的强化，有助于直播和短视频从“野蛮生长”转向“精耕细作”，从而助推其健康可持续发展。

直播和短视频在快速发展的同时，也持续发挥了公益价值和社会价值。如新冠肺炎疫情期间，一些知名短视频公司组织了多场公益助农活动，帮助农户直播卖货，解决农产品滞销问题，凸显了直播和短视频平台的社会责任担当。直播和短视频在直播卖货中的潜能需要不断得到释放，在发展中解决问题是目前直播和短视频领域的原则思想，这给其发展带来了广阔的空间。在乡村振兴的大背景下，我国三线及以下城市和广大农村地区为直播和短视频提供了新的增长空间。

微传播价值与媒体融合价值回归本质

疫情期间公众的信息需求及信息过剩现状，引发人们对于微传播、媒体融合、融媒体价值导向问题的思考。随着微传播、移动传播成为主流信息传播方式，媒体融合不断深入，新传播技术不断更迭，新闻传播工作的价值本质问题值得关注。如新冠肺炎疫情期间，有关疫情的信息如潮水般涌来，疫情带来的紧张、惧怕、怀疑等情绪不断发酵，隔离在家使得负面情绪更加难以排解，群体性抑郁情绪由此产生。疫情相关的信息使公众的负面情绪不断升温，泛焦虑情绪充斥在人们的心中。长期处于高度压力状态对于公众而言不仅仅只是情绪方面的表现，久而久之也会对其生理健康产生潜在的威胁。因此，微传播价值与媒体融合价值需要回归到人的本身，多关注人的身心健康，尤其是心理健康。

微传播价值与媒体融合价值回归本质也是由人民至上的理念决定的。新媒体工作需要将出发点和落脚点落在对人的关注上。而建设性新闻理念也重视对人的关注，建设性新闻指的是在新媒体环境下一种积极解决社会问题的新闻实践的新探索。这类新闻实践强调在新闻报道中除了要坚持内容的客观真实外，也应拓展报道的思路，要以解决问题为报道宗旨。随着微传播价值与媒体融合价值的本质回归和人们对提供解决问题方案信息的需求增大，建设性新闻的应用价值会不断凸显。建设性新闻中的对策性趋向将是未来媒体业务发展的重点。

网络文化呈“破圈化”发展趋势

新传播技术赋予传统文化源源不断的生机与活力，“互联网 + 文化”“智能 + 文化”等技术理念催生网络文化新业态。文创产品不断融合经济价值与文化价值进行创新，文化产业发展势头强劲。根据国家统计局数据，2019 年全国规模以上文化及相关产业企业营业收入增长 7.0%。

网络文化内容和平台不断“出圈”，线上线下影响力协同提升。一方面，围绕网络文学 IP，网络文学阅读、数字出版、影视作品、相关游戏等文化产品的产业链成熟发展，2019 年 7 月上映的动画电影《哪吒之魔童降世》从哪吒这个大 IP 中挖掘新意，深受各年龄层观众的喜爱。《后浪》演讲的刷屏也表明以 B 站为代表的网络文化平台不断主流化，日益影响到更多的群体。另一方面，网络文学等网络文化出海成绩瞩目，《琅琊榜》《楚乔传》《锦绣未央》《延禧攻略》等国产电视剧在 YouTube 平台上都突破了上亿次播放量，网络文化及其衍生的影视文化成为提升中华文化国际影响力的重要方式。

网络文化将各圈层群体连接起来，不断扩张自身的版图，在一定程度上助力协调社会关系。网络文化“破圈化”发展有助于圈层之间增进交流，缓和矛盾。如春节期间全家人一起去电影院观看动画电影这一活动，促进了家庭和谐。网络文化愈发成为各圈层群体的减压阀、关系的调节器。

把握新媒体发展十大趋势，让新媒体更好发挥其经济价值、社会价值

其一，提高对新媒体发展规划的重视度。要充分考虑到我们当下所处的新媒体环境，需要深刻洞察我国网民规模、结构等的新变化，顺势而为，积极作为，让新媒体更好地融入国家战略部署和个人发展中。

其二，坚持新媒体发展中的人民至上理念。新媒体发展要坚持以人民为中心的工作原则，做到人民至上，这是我国新媒体发展的本质要求和价值遵循。让新媒体不断满足人民对美好生活的向往。

其三，坚持新媒体内容导向。内容是战胜一切的法宝，没有内容，众多的形式只能是徒有其表。新媒体发展不能因为追求流量而忽视内容的发展，要坚持用优质内容赢得用户。

其四，加快最新技术落地。核心技术研发刻不容缓，同时也不能一直停留在实验室，要发挥其应有的应用价值，尤其应关注将最新技术应用到数字经济、新媒体发展中。

（资料来源：人民论坛，有删改）

（二）基本规定知识

2019 年 1 月 9 日，中国网络视听节目服务协会发布《网络短视频平台管理规范》和《网络短视频内容审核标准细则》。其中，前者规定网络短视频平台应当履行版权保护责任；后者则包含 100 条审核标准，包括标题是否合规等多个方面。

（三）求职短视频制作基本知识

1. 求职脚本内容

首先，可以通过网上搜索等方式了解公司的基本情况、服务宗旨和服务对象等。在了解这些情况后，在制作短视频时予以呼应，便能在用人单位心中留下深刻的印象。其次，要用自身的经历、技术去回应用人单位的需求。在视频中应该表明自身的特点和经历，同时要注意表明自身能够做什么，做到什么地步。自我介绍环节是一个十分重要的环节，要注意自身的形象气质，切记不能在这个环节上丢分。在介绍完自身的基本情况后，应当重点表明对这家公司的兴趣。一定要注重时间的把控，一定要在短时间内说出最有价值的内容，在阐述自身的技能与经历时，要时刻保持自信。

2. 求职短视频制作

在短视频制作过程中，为了更加准确地传达信息，让人们能够抓住短视频的重点，在实际设计的过程中需要加强对短视频版面设计的关注，短视频的设计包含了封面和背景内容两个组成部分。另外，可以融入当前人们比较喜欢的一些视觉性素材，从而提高用户观看的热情，有助于提升视频的点击量。短视频的背景不要太过华丽，避免让人们产生审美疲劳。为了突出主题，背景应尽量简单和清新，从而更好地衬托核心主题。在进行短视频制作时需要根据内容来确定风格，对于求职来说风格不要太过华丽，要更加严肃和淡雅，从而与内容匹配。在设计方面，在中间页面要适当地留白，图片不要遮挡文字内容，在结尾处可以对信息进行提炼，或者是加入感谢的话语，值得注意的是结尾处的文字不要太多，要非常精练地表达信息。

（四）注意事项

（1）整体短视频内容积极向上，应符合社会主义核心价值观。

（2）短视频内容不能违反影视行业的相关法律法规。

（3）短视频中不能出现违反广告法的信息。

（4）短视频内容必须遵守平台规则。

实践开展

（一）活动工具准备

硬件：白纸、笔、桌、椅、高清智能手机、三角支架、电脑、手持云台、收音采音设备（俗称小蜜蜂）、补光灯、反光板。

软件：Cinema FV-5（专业摄像），1.52 版本 Aimersoft（艾默松视频编辑器）或其他视频编辑软件，注册几个视频发布平台。

（二）活动前准备

（1）明确主题，明晰自身能力特点。

（2）搭建视频基本框架：角色、场景、事件。

（3）拍摄视频。

（4）后期剪辑创作，如特技、多画面、画中画效果和画面调色等。

（5）视频标题封面制作。

（三）活动中要求

（1）注意拍摄的动作和姿势，避免大幅动作。

（2）为了做出质量较好的视频，做好“精耕细作”的准备。

（3）注意安全，在拍摄工作中避免高空危险作业。

（四）课堂实践演练

请同学们每 4 ~ 6 人为一组，其中 2 ~ 3 名同学负责对脚本进行编写以及求职模拟，扮演求职人员，另外 2 ~ 3 名同学负责短视频的拍摄及后期剪辑。通过课堂实践演练，将所学求职短视频制作知识内化，提升知识实际运用能力。

◆ **演练情景 1:** 对机器设备进行安装调试,为不熟悉器材的同学进行讲解并开展实际操作。

温馨提示:机器设备轻拿轻放,注意保管。

◆ **演练情景 2:** 明确短视频制作的主题,并且根据短视频的特点进行制作。

温馨提示:短视频强调在较短时间内传播丰富的信息,因此要提炼出信息的精髓,才可以吸引人们的注意力。

◆ **演练情景 3:** 编写脚本。

温馨提示:要坚持简洁的原则,在最短时间内突出传播的重点以及关键内容,从而使人们在短时间内更加清晰地了解短视频所要表达的信息。

◆ **演练情景 4:** 选择视频软件,新建项目进行拍摄。

温馨提示:拍摄过程当中需要注意视频的取景以及求职主题的突出。

◆ **演练情景 5:** 短视频剪辑。

温馨提示:剪辑过程中需要注意突出视频主题,注意剪辑技巧,短视频封面是视频的重要内容,剪辑中要精准提炼内容中的关键信息,从而使用户在观看短视频的过程中,能够通过封面来了解主题。

课外实践

通过学习,我们了解了求职短视频制作的基本概念与操作方法,掌握了相应的器材使用、脚本编写、拍摄剪辑等方法,并在课堂上进行了演练。现在,请同学们投身到求职短视频制作活动中去,做好相应的实践工作。实践活动结束后,请主动与负责人或其他团队成员交流反馈,总结自己在活动中的表现和体会,并填写你的劳动实践记录卡和劳动实践评价表。

劳动实践记录卡

<table>
<tr><td>姓名</td><td></td><td>所属学院</td><td></td><td>行政班级</td><td></td></tr>
<tr><td>活动主题</td><td colspan="3"></td><td>活动时间</td><td></td></tr>
<tr><td>小组名称</td><td></td><td>小组成员</td><td colspan="3"></td></tr>
<tr><td>活动目标</td><td colspan="5"></td></tr>
<tr><td>活动过程</td><td colspan="5"></td></tr>
<tr><td>活动留影</td><td colspan="5"></td></tr>
<tr><td>活动中发现的问题</td><td colspan="5"></td></tr>
<tr><td>我存在的不足</td><td colspan="5"></td></tr>
</table>

续表

<table>
<tr><td rowspan="4">活动收获</td><td colspan="5">知识技能</td></tr>
<tr><td colspan="5"></td></tr>
<tr><td colspan="5">劳动价值观</td></tr>
<tr><td colspan="5"></td></tr>
<tr><td>自我评价</td><td></td><td>活动小组长签字</td><td></td><td>学业导师签字</td><td></td></tr>
<tr><td>备注</td><td colspan="5"></td></tr>
</table>

劳动实践评价表

<table>
<tr><th>评级指标</th><th>二级指标</th><th colspan="2">评价标准与分值</th><th>评分</th></tr>
<tr><td rowspan="6">知识与能力
0.4</td><td rowspan="4">学习工作主动性
0.2</td><td>对本任务的学习有内容扩展，任务完成主动性强并有很好的成绩</td><td>20</td><td></td></tr>
<tr><td>乐于学习新的工作内容，可很好掌握并实际运用所学知识</td><td>15</td><td></td></tr>
<tr><td>主动性不强，但可以掌握所需知识并基本完成实践</td><td>10</td><td></td></tr>
<tr><td>被动学习与工作</td><td>5</td><td></td></tr>
<tr><td rowspan="2">质量意识
0.1</td><td>质量意识很好，有质量改进意识</td><td>10</td><td></td></tr>
<tr><td>质量意识良好，质量控制方面无错误，或经提醒后可以纠正错误</td><td>8</td><td></td></tr>
</table>

续表

评级指标	二级指标	评价标准与分值		评分
知识与能力 0.4	质量意识 0.1	质量意识一般，在质量控制方面有缺陷记录	5	
		缺乏质量意识，有违反工艺要求现象	2	
	沟通能力 0.1	良好的沟通能力，与同学和本团队成员建立了非常好的关系	10	
		与同学有良好的关系，有问题时及时询问	8	
		有沟通愿望，但沟通方式方法还需提高	5	
		沟通不积极主动，只在被询问时给予回答	2	
过程与方法 0.2	实践活动出勤情况 0.1	按时出勤	10	
		迟到或早退	5	
		缺勤	0	
	实践方法的有效性 0.1	独立操作能力强，操作规范，设备仪器使用熟练	10	
		实际操作规范，工作细致耐心	8	
		完成项目结果明确、过程正确，达到预定目标	6	
		无法完成操作	2	
劳动态度、情感与价值观 0.4	责任感 0.2	对自身工作及团队工作具有责任感	10	
		自身工作有责任感，在提醒下能够提高团队责任感	8	
		只关注自身工作并且不愿扩大责任范围	5	
		不愿承担责任，将自己的任务转移给他人	0	

续表

评级指标	二级指标	评价标准与分值		评分
劳动态度、情感与价值观 0.4	团队合作表现 0.1	良好的团队精神，乐于与同学共同解决问题	10	
		良好的团队精神，与同学融洽相处	8	
		有团队合作意识，只在推动下才能帮助别人	6	
		缺乏合作意识，与同学的合作效果不佳	2	
	安全意识 0.1	很强的安全意识，对不合理或违反安全规定的行为可以提出建议	10	
		良好的安全意识，拒绝不安全行为，遵守安全规定，日常工作中无安全错误	8	
		具备安全意识，但有轻微违反安全规定的情况，在提示下可以很快纠正错误	6	
		具备初级安全意识，有忽略安全保护的现象	4	
合计				

活动十二　家庭供水基本安装与维护

活动目标

“家庭供水基本安装与维护”具有很强的专业特色和普适性，本节将家庭水电的基本操作引入实践课堂，让学生在专业场景中体验和探索“移动插线板制作”和“供水管道加工安装”等工艺技术，能够根据需求自主设计移动式插线板及供水线路，合理运用各种劳动工具，制作插线板及供水管道，并从中体会劳动的价值与获得感，提高自身参与劳动的积极性，达到尊重劳动、动手出汗，增强体力、智力、创造力，提高劳动技能的目的。

学时安排

4 学时（课上 2 学时，实践 2 学时）

活动任务

生活中处处离不开电，水更是生活的必需品。通过本次活动，学生应了解插座制作和家庭供水的基本原则；掌握施工中的安全操作规程；掌握可移动式插座制作原理；能够进行简单的供水线路设计；熟悉管材切割及处理、管材连接及安装、水龙头及球阀安装等劳动过程，最终制作出可移动式插座及供水管道。

知识准备

（一）了解可移动式插座

1. 可移动式插座

生活中具有移动性质的插座，都能被称为可移动插座。该类插座还可称为多功能插座，是插座发展史上一次革命性的创造，这种插座和墙壁插座有很大的区别，它摆脱了固定安装的弊端，给人们的家庭生活带来方便。

移动插座最大的特点是移动性强，只要电源线长度足够，它能随意进行移动。它的可移动性方便了人们平时的用电，比如不用非要在有墙壁插座的附近给手机、电风扇通电，插座可以随着人和电器移动。

随着智能家居在生活中的应用越来越广泛，现如今还出现了智能移动插座。这类插座不仅具有较好的移动性，还具有定时通电、定时断电等功能。

2. 家庭供电线路的特点

家庭电路靠低压供电线路供电，分为火线和零线，火线又称相线，用字母 L 表示，零线又称中性线，用字母 N 表示。火线和零线间的电压是 220 V，火线和大地之间的电压也是 220 V，零线和大地之间的电压为零。接线时，切忌将火线与零线连接在一起。

（二）了解住宅供水管道相关要求

1. 供水管道管材选用标准

建筑内各给水主干管材选用食品级 304 薄壁不锈钢管。超高层建筑 100 m 以上给水分区及泵站进水管选用厚壁不锈钢焊管。供水立管至分户水表管材选用 PPR 管。

微课：
家庭供水管材热熔连接要点

2. 管材连接方式

薄壁不锈钢管 DN100 及以下采用双卡压式连接，DN100 以上采用沟槽式连接；厚壁不锈钢焊管采用焊接，焊缝采用钝化膏处理。PPR管采用热熔连接。

3. 管道支架

管道支架采用镀锌角钢制作，PPR管每隔1 m设管道支架，不锈钢管固定支架按施工规范或设计尺寸制作安装。

4. 管道试压标准

不同压力分区独立进行水压试验。市政直接供水及18层以下系统，试验压力为1.0 MPa；28层以下系统，试验压力为1.2 MPa；38层以下系统，试验压力为1.8 MPa。

（三）水电工及其职业资格

1. 水电工是什么

水电工更接近装修电工，水电工作相比电工而言要简单些，作为一名水电工人除了懂电，还要掌握供排水方面的技能；水电工一般是指在建筑工地上既做水工又做电工的师傅，我们一般统称为水电工；作为一名合格的水电工人需要同时具备电工操作证和水电工上岗证。

2. 水电工职业资格

水电工人是一个混合类职业，需要具备电工技能的同时还要具备水工的相关技能，所以作为水电从业人员需要考取双证，持电工操作证和水电工证或水工证方可上岗。目前市面上常见的水电工资格证主要是地方住建部门和中国建设劳动学会颁发，两个资格证虽然不一样，但是在水电行业都是全国通用的。

报名条件及考试要求：在水电行业学徒期满可以申请初级水电工上岗证考试；从事水电及其相关工作6年或6年以上可以申请中级水电工考试。水电工证考试分为理论考试和实际操作考试，两门考试均达到60分以上即为通过考试。

（四）水电工操作规范

操作规范指的是使用机器或手工具进行生产操作所要遵守的操作标准和要求。不同性质的水电施工场地适用不同的操作规范，本节选取适用于住宅装饰中水电施工工程的操作规范，供同学们学习。

拓展阅读

水电工操作规范

1. 目的

规范水电作业，以提高施工质量，提高顾客满意度。

2. 范围

适用于住宅装饰中水电施工（隐蔽）工程的控制。

3. 内容

项目经理（施工员）首先对水电工进场操作按图纸及工艺要求进行技术交底，应强调按《家庭装饰工程质量规范》（QB/T6016-97）施工；

根据图纸及工艺要求画出水线路走向标志及配电开关、插座盒位置，线路走势必须是横直形式，不可弯曲走近路，然后通知开凿工开凿线槽、线盒槽及水管槽；线路尽量走墙壁及顶棚，强电、弱电必须分管、分盒，严禁强弱电同管（PVC）或同盒行走或过盒行走；

强电配电箱与弱电集中箱必须间隔 30 cm 左右，严禁紧靠在一起，以免引起干扰，电线（强弱电）线盒安装必须离地面 30 cm 以上，严禁低于 30 cm；

PVC 线管至线盒出口处必须套上螺节，以防损坏线表面的塑套而产生漏水现象；PVC 线管在敷设时严禁产生断离、死弯；过墙、穿洞的穿线出口须有保护措施；

平顶过线必须穿 PVC 管或软管，并固定牢，现浇楼梯板下过线必须用护套线，严禁裸线布设；水管敷设必须分冷、热水管，过地面时须切开地坪找平层，但不得破坏楼板结构；

热水管不得与电线管并行或热水管过电线管，确定须过电线管时，得采取隔热防护措施；

在阳台部位敷设水管，阳台没地漏的，必须考虑安装地漏，且阳台台盆（洗衣机）落水与地漏落水要合理处理，以防地漏返水现象产生；

水管若走顶面时，必须沿墙用抱攀固定牢靠，严禁悬空吊敷或搁平顶木格上；

隐蔽工程施工过程中或结束时，施工人员应对施工质量进行自查和检验：

（1）气线管覆辙部分必须注意连接紧密，管口光滑，护口齐全，明配管及其支架平直牢固，排列整齐，配管弯曲处无明显褶皱，暗配管保护层大于 15 mm；

（2）盒（箱）设置正确，固定牢靠，配管进入盒（箱）处顺直，在盒内露出长度小于 5 mm；

（3）用锁紧螺母固定管口，配管露出锁紧螺母的螺纹为 2 ~ 3 扣，强电总箱与弱电总箱之间间距必须大于 30 cm；

（4）电器管路应敷设在其他管道的下方，与蒸汽管、热水管平行敷设时，间距应大于 500 mm，其他管道应大于 100 mm；

（5）在吊顶工程中的配管应固定可靠，并且距顶棚面应大于 500 mm；

（6）金属电线保护管、盒（箱）及支架，接地（接零）支线敷设时，要连接紧密，牢固，接地（接零）线截面选用正确，需防锈的部分涂漆均匀无遗漏；

（7）在线盒（箱）内的导线有适当余量，导线在管内无接头，不进入盒（箱）的垂直配管上口穿线后密封处理良好，导线连接牢固，包扎严密，绝缘良好，不伤芯线；

（8）给排水的材料必须符合设计要求，隐蔽管道和给水的水压实验结果必须符合设计要求和施工规范规定；

（9）管道及管道支座必须铺设牢固；

（10）PPR 热接管必须按热接要求掌握好温度，对接时严格控制对接度；

（11）素钢管（钢塑管）螺纹加工时加工精度必须符合国际管螺纹标准：螺纹清洁、规整、断丝或缺丝不大于螺纹全扣数 10%，连接牢固，管螺纹根部有外露螺纹，镀锌碳素钢管无焊接口；

（12）素钢管法兰连接时要对接平行，紧密，与管子中心线垂直，镙杆露出螺母，对垫要求符合设计要求和施工规定，且无双层；

（13）阀门型号、规格、耐压强度和严格性试验结果，须符合设计要求和施工规范规定：位置、进出口方向正确，连接牢固、紧密；

（14）水管走势必须纵、横平行垂直，不可随意弯曲，与电线管道交叉处必须要隔热处理（指热水管、蒸汽管）；

（15）给水管（冷、热水管）敷设完毕，必须用手动式试压，其标准是：6 kg/24 h。

（五）注意事项

（1）正确使用各种工具，劳动过程要秉持不伤害自己、不伤害他人的原则。

（2）移动式插座制作完成，一定要经过老师检查无误后，再通电测试，不可擅自接通电源。

（3）使用管子剪或钢锯等工具剪断管材时，要戴好手套，集中注意力，防止误操作或伤害事故。

（4）使用热熔机加工管材与管件时，经过老师同意后，再接通热熔机电源，严格按照要求的熔接时间及熔接深度来加热。加热及冷却过程中，不可旋转管材，也不可用手去触碰连接处，以免烫伤。

实践开展

（一）活动工具准备

供水管道及移动式插板制作所需的设备、耗材和工具主要包括以下几类。

1. 耗材类

导线、插座、插头、PPR 管或 PE 管、90° 弯头、管卡、双活接球阀、水龙头、生料带、内丝弯头（或内丝直接）等。

2. 工具类

螺丝刀、钳子、电笔、管子剪或管道切割机、钢锯、砂纸、热熔机、冲击电钻、钢卷尺等。

3. 劳保类

手套等。

（二）活动前准备

（1）操作者需要提前了解水电操作规范，熟悉剥线钳、螺丝刀、钢锯等工具的使用方法。

（2）操作者需要提前观察自己所用的移动式插线板的构造、宿舍里冷热水管道的标识、连接形式等。

（3）活动前按照3～5人自行组队，组长根据工作内容明确分工，并通知到组里的每个人，组员提前了解工作内容，做好相应的工作准备。

（三）活动中要求

（1）活动中要求穿着长袖衣服、运动鞋或皮鞋等，留长发者应将长发扎起，不可穿着短袖、拖鞋、凉鞋进入工作现场。

（2）到工作现场后，要主动找组长报到。工作中听从组长的安排，认真负责地完成自己的工作内容，不应擅自离开工作岗位。

（3）工作分工不分家，各组在工作中要互帮互助、团结协作，共同协助活动顺利开展。

（4）若遇突发情况无法完成工作内容，务必及时向组长报告，以便及时安排后续工作。

（5）工作完成后主动告知组长，由组长向指导教师报告。

（6）根据安装地点进行供水线路设计。

（7）领取供水所用的管道、管件、阀门等材料。

（8）根据图纸要求，使用管子剪或管道切割机对管材进行切割，对表面进行打磨，确保断面光滑、平整。

（9）使用热熔机将管道连接起来，注意不同管径对应不同的连接深度、熔接时间等。

（10）清除管道上的异物，用热熔机安装球阀及水龙头。

（四）课堂实践演练

请同学们每 3 ~ 5 人为一组，其中 1 ~ 2 名同学负责可移动式插座制作，2 ~ 3 名同学负责供水线路设计、供水管材选择及处理、管材连接及安装、水龙头及球阀安装。通过课堂实践演练，将所学的水电知识用于实际操作，提高理论联系实践的能力及动手能力。

◆ **演练情景 1：**可移动式插座制作过程。学生根据实际情况，选定插座、插板及一定长度的导线，用钳子将导线两端剥去绝缘皮，让铜线裸露出来。打开插座的螺丝，用螺丝刀把火线、零线的接线柱扭开，将铜线塞入螺丝扭紧，注意左边接零线、右边接火线，再将插座的绝缘盖扭紧。将插头螺丝打开，把铜线接入，因为墙体固定插座的接线方向是左零右火，所以此时插头的接线方向是反向的左零右火。

温馨提示：不能让两根裸露的铜线接触到一起，以防短路。制作完成，经老师检查无误后，可通电测试。

◆ **演练情景 2：**供水线路设计过程。学生可根据供水的冷热水需求、线路走向等，按照热水管在左、冷水管在右，横平竖直的原则，自行设计供水线路。

温馨提示：线路设计无须太长，设计方案合理即可。

◆ **演练情景 3：**供水管材选择及处理过程。学生可选择 PPR 管或者 PE 管作为供水管材，冷水管上有蓝色标识线，热水管上有红色标识线，按照冷热水供水要求进行管材的选择。根据设计的供水线路，用钢卷尺量取对应长度的 PPR 管，做好标识后对管材进行切割。使用管子剪或管道切割机进行切割时，必须使切割的断面垂直于管轴线，如条件限制不得不使用钢锯切割时，切割完须使用砂纸打磨、清除锯口的毛边和毛刺，确保断面光滑、平整。

温馨提示：结合现场实际，可选取冷水管和热水管其一进行切割制作。

◆ **演练情景 4：**管材连接及安装过程。学生需根据供水线路，选择与 PPR 管相同材质的弯头进行拐弯连接。连接时，可采用热熔连接，使用专用的热熔机。应在老师的监护下，将热熔机插好电源，当热熔机的红色指示灯亮时进行熔接。学生需戴好手套，用毛巾擦拭 PPR 管材及弯头上面的污渍，确保管材无水渍，无旋转地把管端导入加热模头套内，插入到所标识的深度，同时，无旋转地把管件（即弯头）推到加热模上，达到规定标志处。达到加热时间后，立即把 PPR 管材、管件从加热模具上同时取下，迅速无旋转地直线均匀插入到已热熔的深度，使接头处形成均匀凸缘，并要控制插进去后的反弹，调整好角度，用手牢牢地拿着管材和管件，待充分冷却后连接完成，可继续连接其他管材。熔接深度及熔接时间参照表 12–1。

表 12–1　熔接操作技术参数

管材外径 /mm	20	25	32	40	50	63	75	90	110
熔接深度 /mm	14	15	16.5	18	20	24	30	35	41
熔接时间 /s	5	7	8	12	18	24	30	40	50
接插时间 /s	4	4	6	6	6	8	10	10	15
冷却时间 /min	2	2	4	4	4	6	8	8	10

管道安装时须按照不同管径和要求设置管卡，管卡两点之间的距离 40 ~ 50 cm，确定好管卡的位置后，可用铅笔做上记号，然后用冲击电钻打眼，用螺丝将管卡固定在打好的钻孔中，安装应牢固，埋设要平整，管卡与管道接触紧密，不得损伤管道表面。

温馨提示：熔接时间要根据管材的参数严格按照上表中的时间执行。

◆ **演练情景 5：**球阀及水龙头安装过程。学生根据设计线路，核对所用 PPR 阀门的型号、规格是否与设计相符。采用热熔方式将双活接球阀的两端与 PPR 水管连接，操作时先清除管道及附件上的异物，依据表 12–1 确定熔接时间和熔接深度，热熔操作要求参照“管材连接”部分，切勿旋转，冷却后即制作完成。带丝管件连接时，为确保密封应缠绕生料带。核对所用水龙头的规格，选择适合的内丝弯头（或内丝直接，根据不同的设计线路进行选择），先将水龙头与 PPR 内丝弯头（或内丝直接）拧上连接，再将内丝弯头（或内丝直接）另一头与 PPR 管热熔连接，热熔操作及要求参照球阀连接的标准，冷却后即制作完成。

温馨提示：操作完成后，可使管道里流通少量水，检验操作是否正确。

课外实践

通过学习，我们了解了插座制作和家庭供水的基本原则，掌握施工中的安全操作规程，并在课堂上进行了操作演练。现在，请同学们开展供水线路设计、供水管材选择及处理、管材连接及安装、水龙头及球阀安装等实践活动。实践活动结束后，请主动与负责人或其他团队成员交流反馈，总结自己在活动中的表现和体会，并填写你的劳动实践记录卡和劳动实践评价表。

劳动实践记录卡

姓名		所属学院		行政班级	
活动主题				活动时间	
小组名称		小组成员			
活动目标					
活动过程					

续表

<table>
<tr><td>活动留影</td><td colspan="5"></td></tr>
<tr><td>活动中发现的问题</td><td colspan="5"></td></tr>
<tr><td>我存在的不足</td><td colspan="5"></td></tr>
<tr><td rowspan="4">活动收获</td><td colspan="5">知识技能</td></tr>
<tr><td colspan="5"></td></tr>
<tr><td colspan="5">劳动价值观</td></tr>
<tr><td colspan="5"></td></tr>
<tr><td>自我评价</td><td></td><td>活动小组长签字</td><td></td><td>学业导师签字</td><td></td></tr>
<tr><td>备注</td><td colspan="5"></td></tr>
</table>

劳动实践评价表

评级指标	二级指标	评价标准与分值		评分
知识与能力 0.4	岗位学习工作主动性 0.2	对所分配岗位的学习内容主动扩展,学习实践内容积极性强并有很好的成绩	20	
		乐于学习新的服务内容,可很好掌握并实际运用所学知识	15	
		学习积极性不强,但可以掌握所需知识并基本完成实践	10	
		被动学习与实践	5	
	服务质量意识 0.1	实践服务的质量意识很好,有质量改进意识	10	
		服务的质量意识良好,所在岗位服务方面无错误,或经提醒后可以纠正错误	8	
		服务意识一般,在质量控制方面有缺陷记录	5	
		缺乏服务质量意识,有违反工艺要求现象	2	
	沟通能力 0.1	良好的沟通能力,与服务对象和本团队成员建立了非常好的关系	10	
		与服务对象有良好的关系,有问题时及时询问	8	
		有沟通愿望,但沟通方式方法还需提高	5	
		沟通不积极主动,只在被询问时给予回答	2	

续表

评级指标	二级指标	评价标准与分值		评分
过程与方法 0.2	实践活动出勤情况 0.1	按时出勤	10	
		迟到或早退	5	
		缺勤	0	
	实践方法的有效性 0.1	独立操作能力强，操作规范，设备仪器使用熟练	10	
		实际劳技操作规范，工作细致耐心	8	
		完成项目结果明确、过程正确，达到预定目标	6	
		无法完成操作	2	
劳动态度、情感与价值观 0.4	责任感 0.15	对所分配岗位及团队工作具有责任感	15	
		对自身岗位有责任感，在提醒下能提高团队责任感	10	
		只关注自身岗位并且不愿扩大责任范围	5	
		不愿承担责任，将自己的任务转移给他人	0	
	团队合作表现 0.1	良好的团队精神，乐于与同学共同解决问题	10	
		良好的团队精神，与团队成员融洽相处	8	
		有团队合作意识，但只在推动下才能帮助别人	6	
		缺乏合作意识，与团队成员的合作效果不佳	2	

续表

评级指标	二级指标	评价标准与分值		评分
劳动态度、情感与价值观 0.4	安全意识 0.15	很强的安全意识，对不合理或违反安全规定行为可以提出建议	15	
		良好的安全意识，拒绝不安全行为，遵守安全规定，日常工作中无安全错误	12	
		具备安全意识，但有轻微违反安全规定的情况，在提示下可以很快纠正错误	10	
		具备初级安全意识，有忽略安全保护的现象	8	
合计				

项目三

志愿服务劳动

志愿服务是指在不求回报的情况下,为推动人类发展和社会进步而提供服务的活动。它是现代社会文明进步的主要标志,是培育和践行社会主义核心价值观的主要内容。志愿服务的主要形式有专项性的志愿服务工作、专业性的志愿服务工作、公益性的志愿服务工作和社区性的志愿服务工作。范围主要包括:扶贫开发、社区建设、环境保护、大型赛会、应急救助、海外服务等,具有社会动员、社会保障、社会整合、社会教化、促进社会和谐、促进社会进步的功能。当前,我国志愿者遍布城乡,他们“奉献、友爱、互助、进步”的精神与我国“团结友爱、助人为乐、见义勇为、尊老爱幼”的传统美德一脉相承。

志愿服务是劳动教育的重要载体,在核心理念、实质内容及实践形式等方面对劳动教育起支撑作用。首先,在核心理念上,志愿服务强调的不求回报的付出是引领学生投身劳动教育的精神牵引力。其次,从实质内容来讲,志愿服务所包含的各类环境保护、助老扶幼、文明督导、社会调查等活动都是劳动的外在表现,符合劳动教育的基本范畴。第三,从实践形式上看,志愿服务和劳动教育都具有非常强的实践性,二者都是在实操中学习、体验,具有形式上的高度一致性。

志愿服务是一片广阔的沃土,学生通过志愿服务能够有效提升自身的劳动素养,在锻炼动手、应变、服务、与人沟通等能力的同时,还能够让学生学会关爱他人、奉献社会。能够让学生体会到即使在平凡的工作岗位上，只要带着一份发自内心的热爱、认真负责的态度、甘于奉献的精神做好每一件事，就能够收获到充分的价值感和满足感。此外，学生在志愿服务中能够接触社会、丰富生活体验，进而引发其对生活、生命的思考和珍惜，对奉献过程中体验到的积极情感印象更加深刻，有助于自我价值的实现。

活动十三 我在政务大厅做志愿者

活动目标

此项活动以政务办事大厅为劳动场景，是学生了解和服务社会的实践内容之一。活动要求参与志愿服务的学生在实践中树立正确的服务观念，培养积极的服务意识，在劳动实践中学会尊重劳动、体会劳动，学会与人沟通，学会关爱他人。通过亲身实践、感受体验的方式达到培育学生公共服务意识、传承弘扬奉献精神、强化社会责任感的目标。

学时安排

4学时（课上2学时，实践2学时）

活动任务

政务（行政服务）中心是地方人民政府实现重要政务公开、依法行政和廉政建设的重要窗口。通过本次活动，学生应了解政务（行政服务）中心的性质和作用；熟悉公安、人社、公积金、卫健等多个领域日常政务办理窗口的工作流程；掌握志愿服务礼仪；能够引导办事企业、群众有序排队、文明办事；为办事群众提供咨询、帮办服务，协助他们更好更快地办理业务。

知识准备

（一）了解政务（行政服务）中心

1. 政务（行政服务）中心的性质与业务范围

政务中心是人民政府设立的集中办理本级政府权限范围内的行政许可、行政给付、行政确认、行政征收以及其他服务项目的综合性管理服务机构，也是加强政务服务、提高行政效能，为人民群众提供优质、便捷、高效服务的重要平台，具体业务包括：

（1）办理婚姻、生育、户籍、教育、就业、医疗业务；

（2）办理司法行政、出入境、纳税、社会救助、交通业务；

（3）办理文化体育、住房、民族宗教、知识产权、职业资格、消费维权、招商引资业务。

2. 政务办事大厅志愿服务工作的内容

政务办事大厅志愿服务工作主要包括引导、咨询、协助、维护等。

（1）引导包含楼层指引、业务引导服务，要求志愿者热忱地为走进政务办事大厅的企业办事人员、办事群众提供楼层、办理窗口、母婴休息室、图书阅览区等的区域指引服务，引导其有序排队并帮忙取号。为前来办事的老年人、残疾人、孕妇、儿童等行动不便的群众主动提供轮椅、搀扶、急救药箱等服务。

（2）咨询要求志愿者耐心地为企业办事人员、办事群众做好答疑解惑工作。

（3）协助包含自助业务机器的协助使用；对前来办事的老年人、行动不便人士等特殊群体实行帮办代办服务，帮助填写表格、复印资料等。

（4）维护要求志愿者维持政务大厅的秩序，例如安排就座，做好不文明行为如吸烟、喧哗、乱扔垃圾等的劝导工作，及时解决突发事件等。

（二）基本法律知识

我国目前关于志愿服务的法律法规依据是《志愿服务条例》。为了保障志愿者、志愿服务组织、志愿服务对象的合法权益，鼓励和规范志愿服务活动，发展志愿服务事业，培育和践行社会主义核心价值观，促进社会文明进步，国务院颁布了《志愿服务条例》，条例对志愿者服务的基本原则、管理体制、权益保障、促进措施等作了全面规定。

拓展阅读

志愿服务条例

依法规范促进志愿服务发展——《志愿服务条例》解读

国务院发布《志愿服务条例》（以下简称《条例》），对志愿服务组织的法律地位、规范管理和活动开展等进行了系统规定。专家认为，《条例》的出台将进一步推动志愿服务制度化、常态化发展，提升志愿服务整体效能。

明确志愿服务组织法律地位

志愿服务组织是志愿服务的重要主体。《条例》明确规定，志愿服务组织是指“依法成立，以开展志愿服务为宗旨的非营利性组织”。

青岛大学法学院教授李芳表示，志愿服务组织属于非营利性组织，不同于以营利为目的的企业等组织。志愿服务组织以开展志愿服务为宗旨，不同于其他不以志愿服务为宗旨的非营利性组织。

在志愿服务组织的形式方面，《条例》明确指出，志愿服务组织可以采取社会团体、社会服务机构、基金会等组织形式。

中国志愿服务联合会副会长赵津芳说，这有助于理清志愿服务组织与其他社会服务提供主体之间的关系，推动各类志愿服务组织明确定位、强化管理、提升能力、拓展领域，有效释放创造力和生产力，提高志愿服务专业化、科学化水平。

“专业化是志愿服务事业的发展趋势。只有更多地发挥个人的专业智慧和经验，服务于公共利益，才能更好地解决社会问题。”李芳说。《条例》对此明确规定，国家鼓励和支持国家机关、企业事业单位、人民团体、社会组织等成立志愿服务队伍开展专业志愿服务活动，鼓励和支持具备专业知识、技能的志愿者提供专业志愿服务。

确立志愿服务运行规则

《条例》明确，开展志愿服务，应当遵循自愿、无偿、平等、诚信、合法的原则，不得违背社会公德、损害社会公共利益和他人合法权益，不得危害国家安全。

赵津芳表示，《条例》规定志愿者、志愿服务组织、志愿服务对象可以根据需要签订协议，明确当事人的权利和义务，约定志愿服务的内容、方式、时间、地点、工作条件和安全保障措施等，以协议的方式促进了志愿服务活动的制度化、常态化。

"《条例》要求加强对志愿者招募、权利保护、能力培训、服务安排、激励回馈、经费保障、信息记录等方面的管理，并建立了相应的投诉、举报等监管制度，为进一步规范志愿服务组织管理提供了法律依据。"中央民族大学管理学院教授党秀云说。

根据《条例》，志愿者可以参与志愿服务组织开展的志愿服务活动，也可以自行依法开展志愿服务活动。任何组织和个人不得强行指派志愿者、志愿服务组织提供服务，不得以志愿服务名义进行营利性活动。

"《条例》从调整志愿服务关系入手，重在推进志愿服务关系的规范化、制度化，突出强调志愿服务关系当事人的权益保护。"山东大学法学院教授肖金明说，规范志愿服务活动，制止和纠正志愿服务领域的违法行为，维护志愿服务关系，是志愿服务事业健康发展的必然要求。

提升志愿服务整体水平

为促进志愿服务发展，《条例》规定县级以上人民政府应当根据社会经济发展情况，制定促进志愿服务事业发展的政策和措施，合理安排志愿服务所需资金。

《条例》同时规定，学校、家庭和社会应当培养青少年的志愿服务意识和能力。国家鼓励企业和其他组织在同等条件下优先招用有良好志愿服务记录的志愿者。公务员考录、事业单位招聘可以将志愿服务情况纳入考察内容。

"积极的政策引导与政府支持，有利于充分挖掘和有效运用各种社会资源，有助于志愿服务文化与理念的普及与形成，有助于多元合作的志愿服务供给模式的形成，有助于志愿服务逐渐步入常态化与社会化的发展轨道。"党秀云说。

赵津芳表示，根据《条例》对志愿服务行业组织法律地位和功能作用的定位，未来志愿服务行业组织将会获得更大的发展空间，同时也要承担更多的行业责任。

“要发挥先行规范和自我约束作用，引导行风建设，加强行业监督，为志愿服务组织监管提供有力辅助。”赵津芳说：“在志愿服务组织服务方面要发挥牵头和协调作用，促进行业沟通，反映行业诉求，推动行业创新，为志愿服务组织发展争取有力支持，为进一步提升志愿服务行业的整体服务能力和发展水平作出应有贡献。”

（资料来源：新华社，有删改）

（三）礼仪基本知识

1. 志愿者服务礼仪基本原则

在志愿者服务礼仪中，有一些具有普遍性、共同性、指导性的礼仪规律，即礼仪的原则。掌握礼仪的原则很重要，它是志愿者更好地学习礼仪和运用礼仪的重要指导思想。

（1）尊重的原则。孔子说，“礼者，敬人也”，这是对礼仪核心思想的高度概括。所谓尊重的原则，就是要求志愿者在服务过程中，要将对客人的重视、恭敬、友好放在第一位，这是礼仪的重点与核心。因此在志愿服务过程中，首要的原则就是敬人之心常存，掌握了这一点，就等于掌握了礼仪的灵魂。在人际交往中，只要不失敬人之意，哪怕具体做法一时失当，也容易获得服务对象的谅解。

（2）真诚的原则。志愿者服务礼仪所讲的真诚原则，就是要求在志愿服务过程中，必须待人以诚，只有如此，才能表达对客人的尊敬与友好，才会更好地被对方理解和接受。与此相反，倘若仅把礼仪作为一种道具和伪装，在具体操作礼仪规范时口是心非、言行不一，则有悖礼仪的基本宗旨。

（3）宽容的原则。宽容原则的基本含义，是要求志愿者在志愿服务过程中，既要严于律己，更要宽以待人。要多体谅他人、多理解他人，学会与服务对象进行心理换位，而千万不要求全责备、咄咄逼人。这实际上也是尊重对方的一种表现。

（4）从俗的原则。由于国情、民族、文化背景的不同，在人际交往中，实际上存在着“百里不同风，千里不同俗”的局面。这就要求志愿者在服务工作中，对本国或各国的礼仪文化、礼仪风俗以及宗教禁忌都要有全面、准确的了解，才能够在服务过程中得心应手，避免出现差错。

（5）适度的原则。适度原则的含义，是要求志愿者应用礼仪时，为了保证取得成效，必须注意技巧要合乎规范，特别要注意做到把握分寸、认真得体。这是因为凡事过犹不及，假如做过了头，或者做得不到位，都不能正确地表达自己的自律、敬人之意。

中华民族素来是一个温文尔雅、谦恭礼让的文明礼仪之邦。两千多年以前，荀子就讲道：“不学礼无以立，人无礼则不生，事无礼则不成，国无礼则不宁。”经过几千年的发展与积淀，礼仪作为一种文化始终以某种精神的约束力支配着人们的行为，是个人融入社会生活、获得成功的重要途径，也是社会文明程度、道德风尚的外在表征。

2. 志愿者服务引导礼仪

志愿服务陪同引导时，通常应注意四点：

一是本人所处的方位。若双方并排行进时，志愿者应居于左侧。若双方单行行进时，则志愿者应居于左前方约一米的位置，采用右手五指并拢、掌心向上的方式为对方指引方向。当服务对象不熟悉行进方向时，一般不应请其先行，同时也不应让其走在外侧。

二是协调的行进速度。在陪同引导服务对象时，志愿者本人行进的速度须与对方相协调，切勿我行我素。

三是及时关照提醒。陪同引导服务对象时，志愿者一定要处处以对方为中心。每当经过拐角、楼梯或道路坎坷、照明欠佳之处时须关照提醒对方留意。绝不可以不吭一声，而让对方茫然无知或不知所措。

四是采用正确的姿态。陪同引导客人时，志愿者有必要采取一些特殊的姿态。如请对方开始行进时，应面向对方，稍许欠身。在行进中与对方交谈或答复其提问时，应将头部、上身转向对方。

（四）注意事项

（1）参加活动须遵守国家的法律法规，遵守政务办事大厅工作人员规章制度，注意财产及人身安全。

（2）参加活动须遵守防疫要求。

（3）参加活动须守时守信，牢记活动时间、地点、联系人、联系电话，若遇突发情况不能到场或迟到时，务必提前告知团队负责人。

（4）参加活动要手机保持畅通，不允许出现欠费或关机的情况。

（5）参加活动时不带无关人员或宠物。

（6）参加活动要注意环保、爱护公物、讲究卫生，严禁随地吐痰、乱扔垃圾。

（7）参加活动尽量不带手提包，以免影响活动参与或出现物品丢失。

（8）活动中不讲脏话、粗话，不与他人争执，遵守市民道德守则。

（9）活动中如遇到一些刁钻或者解决不了的问题，要学会向上一级求助。对一些不合理的要求要学会委婉地拒绝。

（10）活动中不得饮酒。

（11）不得以志愿者名义随便答应活动对象或服务对象的非活动请求。

实践开展

（一）活动工具准备

1. 标识类

工作牌、志愿衫、志愿帽、志愿者绶带等。

2. 工具类

垃圾袋、充电宝、急救包等。

3. 防疫类

口罩、免洗消毒液、酒精等。

（二）活动前准备

（1）志愿者需要了解政务办事大厅工作人员的规章制度，熟悉政务办事大厅的区域功能划分、各类便民设施设备、相关政务办理流程等情况。

（2）志愿者需要学习基本的志愿服务礼仪，如站姿、坐姿、打招呼的基本礼仪，体现志愿者个人良好的素质。

（3）活动前三日要求团队负责人将工作岗位的分配通知到参与的个人，以便个人了解岗位角色，做好心理准备与物资准备。

（三）活动中要求

（1）活动中要求统一着装，志愿衫、志愿帽需保持整洁，不可擅自修剪或贴、除标志，不可用作其他用途。志愿者需注意形象，志愿马夹拉链应拉上，工作牌佩戴在左胸志愿衫标志上方，不可把工作牌随意佩戴到背包、裤兜等不合适的地方，志愿帽不应斜戴，如需佩戴绶带的情况，绶带应挂在右肩上，标志位于前方。

（2）到活动现场后，要主动找团队负责人签到。

（3）听从团队负责人的安排，坚守分配的工作岗位，不应随意听从他人的调度和差遣。

（4）提供服务时使用礼貌用语，首先向服务对象说明自己的姓名和身份，征得对方的同意后，再了解对方的需求，帮助他们更好更快地办理事项。

（5）活动时手机静音，不要在室内接打电话或发短信。

（6）活动分工不分家，活动中要互帮互助、团结协作，共同协助活动顺利开展。

（7）若遇突发情况须提前离开，务必主动告知负责人，并做好工作交接。

（8）活动结束时主动告知负责人，由负责人发出解散指令。

（四）课堂实践演练

请同学们4～6人为一组，其中2～3名同学负责扮演有不同需求的办事群众，另外2～3名同学负责扮演在政务大厅进行志愿服务的人员。通过课堂实践演练，将所学的志愿服务知识内化，提升知识运用能力。

◆ **演练情景1：**在办事大厅做志愿接待，对不熟悉办理业务或窗口的群众进行讲解并引导具体线路；迎送礼仪演练。

温馨提示：志愿者遇到服务对象时，不应该视而不见，但也不必逐一鞠躬问候，只要一个微笑或点头示意即可。男士、年轻人、学生、下级等应先向女士、年长者、老师、上级致意。重点：与多人打招呼时要遵循先长后幼、先疏后亲的原则。

◆ **演练情景2：**遇到行动不便人员（如老人、孕妇、残疾人）来办理相关事宜，如何为他们做引导。

温馨提示：前述引导礼仪实践。

◆ **演练情景3：**如遇到耳聋耳背人员办理相关事宜，如何协助他们进行办理。

温馨提示：寻找服务对象能够接受的沟通方式。

◆ **演练情景4：**如遇服务窗口太少，办事群众排队过长，存在办理群众有埋怨、有情绪的状况时，如何进行疏导与规劝。

温馨提示：为前来办事人员对各项服务的疑惑进行及时解答；出现纠纷影响正常秩序时，耐心做好解释说服工作，并进行正面的舆论引导。

◆ **演练情景5：**进行疫情防控应急演练。

温馨提示：演练现场需设置测温登记区、等候区、临时隔离区，严格落实“1米线”的间隔要求，严控人员密度，科学设置进出口，保证进出厅人员的单向流动。

课外实践

通过学习，我们了解了政务（行政服务）中心的性质与业务范围，学习了《志愿服务条例》，掌握了相应的志愿服务礼仪，并在课堂上进行了演练。现在，请同学们投身到政务（行政服务）中心的志愿服务中去，做好引导、咨询、协助和维护工作。实践活动结束后，请主动与负责人或其他团队成员进行交流反馈，总结自己在活动中的表现和体会，并填写你的劳动实践记录卡和劳动实践评价表。

劳动实践记录卡

<table>
<tr><td>姓名</td><td></td><td>所属学院</td><td></td><td>行政班级</td><td></td></tr>
<tr><td>活动主题</td><td colspan="3"></td><td>活动时间</td><td></td></tr>
<tr><td>小组名称</td><td></td><td>小组成员</td><td colspan="3"></td></tr>
<tr><td>活动目标</td><td colspan="5"></td></tr>
<tr><td>活动过程</td><td colspan="5"></td></tr>
<tr><td>活动留影</td><td colspan="5"></td></tr>
</table>

续表

<table>
<tr><td>活动中发现的问题</td><td colspan="5"></td></tr>
<tr><td>我存在的不足</td><td colspan="5"></td></tr>
<tr><td rowspan="4">活动收获</td><td colspan="5">知识技能</td></tr>
<tr><td colspan="5"></td></tr>
<tr><td colspan="5">劳动价值观</td></tr>
<tr><td colspan="5"></td></tr>
<tr><td>自我评价</td><td></td><td>活动小组长签字</td><td></td><td>学业导师签字</td><td></td></tr>
<tr><td>备注</td><td colspan="5"></td></tr>
</table>

劳动实践评价表

评级指标	二级指标	评价标准与分值		评分
知识与能力 0.4	岗位学习工作主动性 0.2	对所分配岗位的学习内容主动扩展,实践积极性强并有很好的成绩	20	
		乐于学习新的服务内容,可很好地掌握并实际运用所学知识	15	
		学习积极性不强,但可以掌握所需知识并基本完成实践	10	
		被动学习与实践	5	
	服务质量意识 0.1	实践服务的质量意识很好,有质量改进意识	10	
		服务的质量意识良好,所在岗位服务方面无错误,或经提醒后可以纠正错误	8	
		服务意识一般,在质量控制方面有缺陷记录	5	
		缺乏服务质量意识,有违反职员要求现象	2	
	沟通能力 0.1	良好的沟通能力,与服务对象和本团队成员建立了非常好的关系	10	
		与服务对象有良好的关系,有问题时及时询问	8	
		有沟通愿望,但沟通方式方法还需提高	5	
		沟通不积极主动,只在被询问时给予回答	2	

续表

评级指标	二级指标	评价标准与分值		评分
过程与方法 0.2	实践活动出勤情况 0.1	按时出勤	10	
		迟到或早退	5	
		缺勤	0	
	实践方法的有效性 0.1	独立操作能力强,操作规范,设备仪器使用熟练	10	
		劳技操作规范,工作细致耐心	8	
		完成项目结果明确、过程正确,达到预定目标	6	
		无法完成操作	2	
劳动态度、情感与价值观 0.4	责任感 0.15	对所分配岗位及团队工作具有责任感	15	
		对自身岗位有责任感,在提醒下能提高团队责任感	10	
		只关注自身岗位并且不愿扩大责任范围	5	
		不愿承担责任,将自己的任务转移给他人	0	
	团队合作表现 0.1	良好的团队精神,乐于与团队成员共同解决问题	10	
		良好的团队精神,与团队成员融洽相处	8	
		有团队合作意识,但只在推动下才能帮助别人	6	
		缺乏合作意识,与团队成员的合作效果不佳	2	

续表

评级指标	二级指标	评价标准与分值		评分
劳动态度、情感与价值观 0.4	安全意识 0.15	很强的安全意识，对不合理或违反安全规定行为可以提出建议	15	
		良好的安全意识，遵守安全规定，拒绝不安全行为，日常工作中无安全错误	12	
		具备安全意识，但有轻微违反安全规定的情况，在提示下可以很快纠正错误	10	
		具备初级安全意识，但有忽略安全保护的现象	8	
合计				

活动十四 我在敬老院做志愿者

活动目标

此项活动以敬老院为劳动场景，是学生了解和服务社会的实践内容之一。活动要求参与志愿服务的学生弘扬中华民族敬老爱老的传统美德，增强学生尊老、爱老、敬老、助老的意识，通过为老年人提供力所能及的志愿服务，提高老年人生活质量，丰富老年人精神生活，推动敬老爱老、老少共融的良好社会风尚的形成，增强学生的社会责任感。

学时安排

4 学时（课上 2 学时，实践 2 学时）

活动任务

敬老院是为老年人提供养老服务的非营利性组织，通常由地方政府或慈善机构与企业合作开办，能接收有各种各样需求的老人。通过本次劳动，学生应了解敬老院收养对象的整体状况，学会“因人而异，恰到好处”地帮助他人的方法，熟悉基本辅助生活照料的技巧，掌握敬老院的服务原则，在实践中帮助老人打扫房间、整理床铺，帮助老人剪指甲、理发，陪伴老人下棋、散步、聊天，为老人读书、捶背、按摩，聆听老人的心声等。

知识准备

微课：
敬老院志愿服务

（一）了解敬老院

敬老院是为老年人提供养老服务的非营利性组织，又称养老院。西方国家的养老院通常由地方政府或慈善机构与企业合作开办，能接收有各种各样需求的老人。中国的敬老院是在农村“五保户”的基础上发展起来的。1956 年农业合作化时期，农业生产合作社对缺乏劳动能力、生活没有依靠的鳏、寡、孤、独者，实行保吃、保穿、保烧、保医、保葬（儿童则为保教），简称“五保”。1958 年人民公社化时期，对五保户实行集中供养，在全国各地兴办了一批敬老院。1978 年以来，随着农村实行联产承包责任制和集体经济的发展，敬老院得到了进一步的巩固和发展。1988 年，全国农村已有敬老院 36 665 所，有 756 个县（县级市）的乡镇普遍办了敬老院。此外，城市街道也办起了敬老院。有条件的敬老院，还接收享受退休金的自费老人，坚持入院自愿、出院自由的原则。敬老院经常组织一些老人参加力所能及的生产劳动和适合老人参与的文娱体育活动。

（二）如何开展敬老院志愿服务

1. 调研阶段

通过查找资料、参加调查等了解老年人的生活，从敬老院老人的环境适应、身体状况、人际交往、情感需求、兴趣爱好等方面研究老年人的愿望与困难，探讨出关爱老人的方式。

2. 筹备阶段

活动筹备主要是两个部分，第一部分是与敬老院负责人取得联系，获得准许和支持，并签订志愿服务书。第二部分是撰写活动策划书，并根据活动策划书准备活动中所需要的设备、物资。

3. 活动开展阶段

（1）开展文娱活动。依托社区文化活动中心等活动平台，定期开展形式多样、适宜老年人的文体娱乐活动，丰富老人的精神文化生活。

（2）提供情感支持。为精神寂寞和有心理疾患的老人提供精神关怀服务，陪老人聊天交流，给老人讲故事读书读报，有针对性地进行心理咨询和心理疏导。定期在社区组织开展各种有益身心健康的讲座、报告会、讨论会，帮助老人积极参与社会活动，保持乐观健康的生活状态。

（3）辅助生活照料。提供打扫卫生、衣物清洗、帮助购物、陪同就医等志愿服务。

（4）参与后勤事宜。积极参与敬老院后勤管理，包括资料整理、物资搬运、卫生打扫等。

4. 总结阶段

通过老人、敬老院负责人、志愿者自己对志愿服务实际效果进行分析，做好志愿服务的评估工作。

（三）中国人口老龄化现状与趋势

20 世纪 90 年代以来，中国的老龄化进程加快。65 岁及以上老年人口从 1990 年的 6 299 万增加到 2000 年的 8 811 万，占总人口的比例由 5.57% 上升为 6.96%，目前中国已进入老年型社会。性别间的死亡差异使女性老年人成为老年人口中的绝大多数。预计到 2040 年，65 岁及以上老年人口占总人口的比例将超过 20%。同时，老年人口高龄化趋势日益明显：80 岁及以上高龄老人数量正以每年 5% 的速度增加，到 2040 年将增加到 7 400 多万人。

迅速发展的人口老龄化趋势，与人口生育率和出生率下降，以及死亡率下降、预期寿命提高密切相关。目前中国的生育率已经降到更替水平以下，人口预期寿命和死亡率也接近发达国家水平。随着 20 世纪中期出生高峰的人口陆续进入老年，可以预见，21 世纪前期将是中国人口老龄化发展最快的时期。

中国政府高度重视和解决人口老龄化问题，积极发展老龄事业，初步形成了政府主导、社会参与、全民关怀的老龄事业工作格局。国家成立了全国老龄工作委员会，确定了老龄工作的目标、任务和基本政策；颁布了《中华人民共和国老年人权益保障法》，制定了《中国老龄事业发展“十五”计划纲要》，把老龄事业明确纳入了经济社会发展的总体规划和可持续发展战略之中。

拓展阅读

如何应对人口老龄化

应对人口老龄化是全社会的共同责任，也是一项涉及多领域、多层面的系统工程。“十三五”是全面建成小康社会的决胜阶段，也是应对人口老龄化的关键时期。贯彻落实十八届五中全会精神，积极开展应对人口老龄化的行动，需要重点解决好以下几个问题。

将科学应对老龄化上升为基本国策。老龄化的不可逆转性及其对人民生活、经济建设、社会发展所具有的全局性、长期性、重大性影响，决定了它是关乎国家长远发展并需要全面、系统、综合应对的重大问题，近年来养老问题的日益突显，更加表明了需要引起更高程度的重视。因此，在《关于加强老龄工作的决定》颁布22年后，有必要再次由中央制定新的政策性文件，将科学应对老龄化明确为一项基本国策，用以指导相关制度建设和国家中长期规划及相关产业的发展，并采取更为有效的综合应对行动，真正将人口老龄化转化为促进国家健康持续发展的长期有利因素。

坚持走符合中国国情的社会化养老之路。由于我国养老服务面临的特殊情况，仅靠政府之力难以满足日益增长的社会养老服务需求。“政府主导、市场主体”的社会化养老已是大势所趋。在养老服务中，各级政府承担着“保基本、建机制、强监管”的职责，在发挥好托底作用的同时，更加尊重市场规律，降低民间资本进入门槛，鼓励和支持社会组织积极参与养老服务业发展，为市场化养老产业发展保驾护航。社会组织特别是公益性社会组织应该当好政府助手，担当生力军的角色，在政府政策扶持、购买服务等支持下，帮助政府保基本，在养老服务中发挥更加积极的作用。

及时完善养老服务业发展思路与政策体系。坚持以基本国情为出发点，着眼于老年人的实际需求，从重机构养老转为以居家养老为重，从重城市轻农村转为兼顾城乡并向农村倾斜，从公办养老机构为主体转化为民办养老机构为主体，全面满足老年人群体的服务需求。逐步将当前的以居家为基础、社区为依托、机构为支撑的方针，调整为居家为主体、机构为补充、社区为桥梁的新格局。通过城镇社区和乡村将养老机构、社会组织等的专业化服务与老年人居家生活紧密联系在一起，真正满足绝大多数老年人需求并能够提高养老服务投入效率。构建完整的政策支持体系，将经济政策、社会政策等融为一体，避免相关政策相互冲突的现象。

构建能够满足不同类型老人需求的多元化养老模式。受我国传统文化的影响，入住养老机构一般是老年人不得已而为之的选择。居家养老将是未来中国式养老的主流。因此，必须努力构建以居家养老为基础、社区养老为依托、机构养老为支撑的多元化养老服务模式。重点发展居家养老模式，机构向社区提供支持培训服务，社区向家庭提供生活照料和居家照料服务。居家不能自理的半失能、完全失能老人才可入住养老机构。此外，要根据人口老龄化形势和养老需求变化，积极探索并推广旅游养老、文化养老、互助养老、老年志愿活动等新型养老模式。

高度关注特殊群体老人。当前，我国高龄、空巢、失能、失独等特殊群体老人数量高达数亿，他们中多数是半自理和不能自理的老人，身患各种疾病，很难享受到专业的生活照料和医疗护理，这些特殊困难老人的养老服务供需矛盾十分突出。国务院《关于加快发展养老服务业的若干意见》强调，以政府为主导，发挥社会力量作用，着力保障特殊困难老人的养老服务需求，确保人人享有养老服务。对这些特殊老人的养老服务，公办养老机构应起到托底的作用。社会组织特别是公益性社会组织应重点关注特殊老人群体，为他们提供公益性供养、护理服务，让他们感受社会温暖，共享经济社会发展成果，体现公平正义。

抓紧建立长期照护保险制度。调查中发现，需要长期护理的失能半失能老年人是最困难的群体，他们大多无法依靠养老金来支付长期护理费用，许多失能半失能老人不是自己苦苦支撑着，就是子女们轮流照护，其生活质量伴随失能程度而下降。与此同时，民间资本投向养老服务业时则因老年人的护理消费能力不足而信心不足，一些投资者偏好高收入老年人，或借养老之名行房地产开发之实。因此，我国有必要借鉴德国、日本、韩国等国的经验，尽快建立长期照护保险制度，以此达到壮大老年人消费基金的目的，进一步减轻养老后顾之忧。

（资料来源：中国共产党新闻网，有删改）

（四）敬老院志愿服务基本原则

1. 尊重原则

古人云："敬人者，人恒敬之。"面对饱经沧桑的暮年老者，青年人要学会懂得尊重，包括尊重老人的处事态度、身体状况、生活习惯以及个人隐私。让老年人有尊严地生活，是对老年人最大的尊重。养老服务中要多关心、爱护老年人，满足老年人的个性化需求，允许服务对象抒发自己的苦恼和不满。特别注意老年人的情绪问题，探索与这些情绪相关的个人需要，协助疏导老年人的负面情绪。要实现志愿服务活动对老年人的真切关怀，而避免其流于形式。

2. 真诚原则

真诚待人是人际交往中最基本和最有价值的，以诚待人是人际交往得以延续和深化的保证，真诚也是青年高尚品质的重要体现。古人云："以诚感人者，人亦诚而应。"青年人与老年人交流时，只有怀揣着一颗真诚关怀老年人的心，学会认真分享老人的快乐与烦恼，帮助老人面对生活中的问题，用真心关怀给老人以心灵慰藉，才能获取老人的信任，与老人产生真正的情感共鸣。

3. 包容原则

包容表现为对非原则问题不斤斤计较。志愿服务活动需要青年人在与老人交往时学会包容、克制和忍耐。苏轼说得好："匹夫见辱，拔剑而起，挺身而斗，此不足为勇也。天下有大勇者，卒然临之而不惊，无故加之而不怒，此其所挟持者甚大，而其志甚远也。”在与老人的人际交往中，虽用不着如此宏图壮志，但也需在琐碎的具体事项和细致的交流沟通中，克服可能发生的心理摩擦，锻炼自己与人交往的能力。青年志愿者要多多理解老年人的实际情况，主动去帮助他们，从而达到服务者与被服务者心理上的和谐。

4. 专注原则

专注是养老服务活动中，服务者特别需要把握的一个原则，它是指青年志愿者对服务对象的语言、情绪、心理的高度关注。这种专注既有非语言的肢体专注表达，例如讲话时的“面对”，面部表情要松弛，手势要自然，眼神要亲切，身体要适当倾向服务对象；也有非语言的心理专注表达，要注意倾听老人说话，观察老人的手势、神态、身体动作及语气语调，揣摩老人心理以及体会老人话语中的“言外之意”。

（五）敬老院志愿服务技巧

1. 全面预估服务对象的整体状况，明确服务工作的重点及方向

无论短期还是长期志愿服务，无论是社区居家养老还是机构养老，都要尽可能地收集服务对象的背景资料，包括个人资料、家庭资料、社会资料、问题资料等。全面评估服务对象的整体状况，并根据资料预分析可能遇到的问题，提前做好准备，明确服务工作的重点与难点，这些都是开展高质量养老服务的基础。

2. 积极接纳老年人与青年人的成长环境差异，给予必要的情绪支持

青年人应当以尊重、接纳的态度，以陪伴、安慰、倾听、鼓励等的方式，帮助服务对象接受无论是社会环境、身体条件还是年龄状态带来的变化。分享服务对象对某些问题的认识和感受，减少其负面的情绪体验，给予必要的情绪支持。

3. 与服务对象建立良好的专业关系，赢得信任与合作

在养老服务实践活动中，志愿者运用倾听、接纳、关怀、同理等专业技巧，赢得老人的信任和合作是非常重要的。首先应采取直接或间接的方法收集资料，一方面通过与服务对象面谈或侧面观察，了解其基本生活状况和需求；另一方面，通过向周围其他人了解服务对象的有关情况，收集资料作预评估，这是建立专业关系的第一步，也是为赢得信任打下基础的重要一步。

（六）注意事项

1. 态度

要和蔼可亲，平易近人，脸上常带微笑，让老人能感受到志愿者的亲切感。

2. 位置

不要让老人抬起头或远距离说话，应该近距离弯下腰去与老人交谈，让老人感受到平等与尊重。

3. 用心交流

志愿者的眼睛要注视对方眼睛，视线不要游走不定，同性间可以摸着对方的手交谈。

4. 语言

说话的速度要相对慢些，语调要适中，有些老人听力不佳（弱听），则须大声点，但还要看对方的表情和反应，去判断对方的需要。

5. 了解情况

要了解老人的脾气、喜好，可以事先打听或在日后的相互接触中进一步慢慢了解。

6. 话题选择

要选择老人喜爱的话题，如家乡、亲人、年轻时的事、电视节目等，避免提及老人不喜欢的话题，也可以先多说一下自己的情况，获得老人信任后再展开其他话题。

7. 真诚的赞赏

人都渴望自己被肯定，老人家就像小朋友一样，喜欢表扬、夸奖，所以真诚、慷慨地赞美,会使老年人心情愉悦,谈话氛围也会更加轻松。

8. 应变能力

遇到交谈不如意或老人情绪有变时,尽量不要劝说,先用手轻拍对方的手或肩膀作安慰,稳定情绪,然后尽快转移话题。

实践开展

(一)活动工具准备

1. 标识类

工作牌、志愿衫、志愿帽、志愿者绶带等。

2. 工具类

活动所需卫生清洁工具、书籍、表演服装及设备等。

3. 防疫类

口罩、免洗消毒液、酒精等。

(二)活动前准备

(1)志愿者提前一周与敬老院预约。了解敬老院实际情况,向敬老院负责人提交活动方案,务必注意控制活动时间,保证老人正常的作息。

(2)做好岗前培训。志愿者需要学习基本的志愿服务礼仪和沟通技巧,体现志愿者个人良好的素质。

(3)活动前三日要求团队负责人将工作岗位的分配情况通知到参与的个人,以便个人了解岗位角色,做好心理准备与物资准备。

(三)活动中要求

(1)活动中要求统一着装,志愿衫、志愿帽需保持整洁,不可擅自修剪或贴、除标志,不可用作其他用途。志愿者需注意形象,志愿马夹拉链应拉上，工作牌佩戴在左胸志愿衫标志上方，不可把工作牌随意佩戴到背包、裤兜等不合适的地方，志愿帽不应斜戴，如需佩戴绶带的情况，绶带应挂在右肩上，标志位于前方。

（2）到活动现场后，要主动找团队负责人签到。

（3）听从团队负责人的安排，坚守分配的工作岗位，不应随意听从他人的调度和差遣。

（4）进入敬老院后请勿大声喧哗、乱扔垃圾，保持场所安静和干净，给老人创造一个良好的环境。

（5）尽量安排 2 名志愿者陪护 1 名老人，且全程负责，保证老人的安全。服务时请尊重老人的意愿，不得强迫其接受服务。

（6）活动分工不分家，活动中要互帮互助、团结协作，共同协助活动顺利开展。

（7）若遇突发情况须提前离开，务必主动告知负责人，并做好工作交接。

（8）活动结束时主动告知负责人，由负责人发出解散指令。

（四）课堂实践演练

请同学们每 4 ~ 6 人为一组，其中 2 ~ 3 名同学负责扮演敬老院的工作人员或老年人，另外 2 ~ 3 名同学负责扮演在敬老院进行志愿服务的人员。通过课堂实践演练，将所学的志愿服务知识内化，提升知识运用能力。

◆ **演练情景 1：**照料生活不能自理的老人饮水。

温馨提示：亲切礼貌地招呼老人，并向老人解释，取得老人的信任；动作轻柔、稳重、态度认真；保证老人每日的饮水量，一般在 1 500 ml 左右，并做好记录；水的温度合适，防止烫伤老人；病情许可时，最好采用坐位的姿势饮水，以防发生呛咳或吸入式肺炎。

◆ **演练情景 2：**为敬老院老年人收拾整理房间。

温馨提示：注意一定要在征得老人许可的前提下进行。过程中尊重老人的日常生活习惯,不要乱动老人房间的物品及摆设,在为老人打扫卫生时对一些物品的摆放位置一定要先征求老人的意见,不要按自己的习惯和眼光去自作主张。如果认为某些物品的摆放不科学或不安全,可以提醒老人或引导他改变习惯,而不是强制地去改变老人原本的习惯。

◆ **演练情景 3:** 陪伴敬老院老人聊天。

温馨提示:要注意与老人的沟通方式,虚心学习,表现出自己的热忱、细心与热情,不要触及老人敏感的话题,学会察言观色,要聊些幽默、和谐、快乐的话题。

◆ **演练情景 4:** 如遇脾气古怪、暴躁的老人,志愿者应如何进行有效沟通?

温馨提示:沟通时主动征求并尊重老人的意见,跟他们聊天,谈他们关心的事,讲他们爱听的话,使老人保持心情愉悦。对他们的合理要求,须尽可能满足,不能满足时,多做解释工作,取得老人们的谅解。老人即使说错了,也不要在众人面前驳老人的面子。

◆ **演练情景 5:** 帮助老人修剪指甲。

温馨提示:向老人解释目的以取得合作;帮助卧床老人修剪指甲时,应将大毛巾铺垫于老人手下。

课外实践

通过学习,我们了解了中国人口老龄化的现状及趋势,明确了敬老院的服务范畴,学习了敬老院服务的基本原则及技巧,并在课堂上进行了演练。现在,请同学们投身到敬老院的志愿服务中去,做好文娱活动、提供情感支持、辅助生活照料、参与后勤事宜等工作。实践活动结束后,请主动与负责人或其他团队成员交流反馈,总结自己在活动中的表现和体会,并填写你的劳动实践记录卡和劳动实践评价表。

劳动实践记录卡

<table>
<tr><td>姓名</td><td></td><td>所属学院</td><td></td><td>行政班级</td><td></td></tr>
<tr><td>活动主题</td><td colspan="3"></td><td>活动时间</td><td></td></tr>
<tr><td>小组名称</td><td></td><td>小组成员</td><td colspan="3"></td></tr>
<tr><td>活动目标</td><td colspan="5"></td></tr>
<tr><td>活动过程</td><td colspan="5"></td></tr>
<tr><td>活动留影</td><td colspan="5"></td></tr>
<tr><td>活动中发现的问题</td><td colspan="5"></td></tr>
<tr><td>我存在的不足</td><td colspan="5"></td></tr>
</table>

续表

<table>
<tr><td rowspan="4">活动收获</td><td colspan="6">知识技能</td></tr>
<tr><td colspan="6"></td></tr>
<tr><td colspan="6">劳动价值观</td></tr>
<tr><td colspan="6"></td></tr>
<tr><td>自我评价</td><td></td><td>活动小组长签字</td><td></td><td>学业导师签字</td><td></td></tr>
<tr><td>备注</td><td colspan="6"></td></tr>
</table>

劳动实践评价表

<table>
<tr><th>评级指标</th><th>二级指标</th><th colspan="2">评价标准与分值</th><th>评分</th></tr>
<tr><td rowspan="4">知识与能力
0.4</td><td rowspan="4">岗位学习工作主动性
0.2</td><td>对所分配岗位的学习内容主动扩展，实践积极性强并有很好的成绩</td><td>20</td><td></td></tr>
<tr><td>乐于学习新的服务内容，可很好地掌握并实际运用所学知识</td><td>15</td><td></td></tr>
<tr><td>学习积极性不强，但可以掌握所需知识并基本完成实践</td><td>10</td><td></td></tr>
<tr><td>被动学习与实践</td><td>5</td><td></td></tr>
</table>

续表

评级指标	二级指标	评价标准与分值		评分
知识与能力 0.4	服务质量意识 0.1	实践服务的质量意识很好，有质量改进意识	10	
		服务的质量意识良好，所在岗位服务方面无错误，或经提醒后可以纠正错误	8	
		服务意识一般，在质量控制方面有缺陷记录	5	
		缺乏服务质量意识，有违反职员要求现象	2	
	沟通能力 0.1	良好的沟通能力，与服务对象和本团队成员建立了非常好的关系	10	
		与服务对象有良好的关系，有问题时及时询问	8	
		有沟通愿望，但沟通方式方法还需提高	5	
		沟通不积极主动，只在被询问时给予回答	2	
过程与方法 0.2	实践活动出勤情况 0.1	按时出勤	10	
		迟到或早退	5	
		缺勤	0	
	实践方法的有效性 0.1	独立操作能力强，操作规范，设备仪器使用熟练	10	
		劳技操作规范，工作细致耐心	8	
		完成项目结果明确、过程正确，达到预定目标	6	
		无法完成操作	2	

续表

评级指标	二级指标	评价标准与分值		评分
劳动态度、情感与价值观 0.4	责任感 0.15	对所分配岗位及团队工作具有责任感	15	
		对自身岗位有责任感,在提醒下能够提高团队责任感	10	
		只关注自身岗位并且不愿扩大责任范围	5	
		不愿承担责任,将自己的任务转移给他人	0	
	团队合作表现 0.1	良好的团队精神,乐于与团队成员共同解决问题	10	
		良好的团队精神,与团队成员融洽相处	8	
		有团队合作意识,但只在推动下才能帮助别人	6	
		缺乏合作意识,与团队成员的合作效果不佳	2	
	安全意识 0.15	很强的安全意识,对不合理或违反安全规定行为可以提出建议	15	
		良好的安全意识,拒绝不安全行为,遵守安全规定,日常工作中无安全错误	12	
		具备安全意识,但有轻微违反安全规定的情况,在提示下可以很快纠正错误	10	
		具备初级安全意识,但有忽略安全保护的现象	8	
合计				

活动十五 我在校园做防疫志愿者

活动目标

此项活动以校园人员密集场所为劳动场景，是学生增长卫生常识、增强自我保健意识，服务校园传染病防控的重要实践内容之一。为稳健应对校园传染性疾病的发生和传播，活动要求参与志愿服务的学生认识校园常见的传染病，了解传染病的传播方式，理解常见的传染病防控知识，掌握预防传染病的有效措施。要求他们在实践中提升紧迫感，强化责任心，牢固树立正确的服务观念，领悟传染病的防控意义在于保护好自己、保护好身边的人，让大学生们深刻认识到战胜一切艰难险阻是实现中华民族伟大复兴的希望所在。

学时安排

4 学时（课上 2 学时，实践 2 学时）

活动任务

校园是学生共同学习和生活的地方，也是人员密集的场所，一旦有传染性疾病发生，极易造成传播流行。正确执行个人防护、做好环境消毒能有效减少传染性疾病的发生和传播，是传染病预防的重要措施。通过本次活动，学生应了解校园高发传染病的类型及相关防疫知识，熟悉常用的个人防护方法，学会正确选择和穿戴防护用物，注重手部卫生；掌握常用的消毒原理和方法，避免因消毒过程中操作不当导致的环境污染及个人健康受损；自觉在校园公共区域进行传染性疾病的防控宣传，为其他同学提供防疫的相关理论及操作指导。

知识准备

微课：
常见传染病和预防传染病的措施

（一）传染病基础知识

1. 传染病的定义

传染病是指由病原微生物和寄生虫等感染人体后产生的有传染性、在一定条件下可造成流行的疾病。根据《中华人民共和国传染病防治法》，目前法定报告传染病分为甲、乙、丙三类，共 40 种。

（1）甲类传染病有 2 种，鼠疫和霍乱。

（2）乙类传染病共 27 种，包括新型冠状病毒肺炎、传染性非典型肺炎、艾滋病、病毒性肝炎、脊髓灰质炎、人感染高致病性禽流感、麻疹、流行性出血热、狂犬病、流行性乙型脑炎、登革热、炭疽、细菌性和阿米巴性痢疾、肺结核、伤寒和副伤寒、流行性脑脊髓膜炎、百日咳、白喉、新生儿破伤风、猩红热、布鲁氏菌病、淋病、梅毒、钩端螺旋体病、血吸虫病、疟疾、人感染 H7N9 禽流感。

（3）丙类传染病共 11 种，包括流行性感冒、流行性腮腺炎、风疹、急性出血性结膜炎、麻风病、流行性和地方性斑疹伤寒、黑热病、包虫病、丝虫病，除霍乱、细菌性和阿米巴性痢疾、伤寒和副伤寒以外的感染性腹泻病、手足口病。

2. 传染病的传播途径

传染病可直接或间接地在人与人之间传播从而造成流行，其传播有三个必需环节：传染源、传播途径和易感人群。要有效地预防传染病的发生与流行，关键在于切断传染病流行的传播链。

（1）传染源。指有病原体已在体内生长繁殖并能将其排出体外的人或动物。传染源包括病人、病原携带者、隐形感染者、受感染的动物四种类型。

（2）传播途径。指病原体离开传染源到达易感者所经过的途径。一般有空气传播、饮食传播、生物媒介、环境传播等途径，如：空气、飞沫、尘埃常见于呼吸道感染的传染病；水、食物、苍蝇常引起消化道疾病；手、用具、玩具又称生活接触传播，既可引起呼吸道传染病又可引起消化道传染病；吸血昆虫称为虫媒传播；体液、血液传播如乙型肝炎、艾滋病等。

（3）易感人群。对某种传染病缺乏免疫力而容易感染该病的人群叫易感人群。

3. 常见传染病的预防

（1）管理传染源。对病原携带者应做到早发现、早诊断、早隔离、早治疗、早报告，并培养其良好的卫生习惯，尽可能减少传播机会。

（2）切断传播途径。应采取相关卫生措施、消毒和杀虫。

（3）保护易感人群。通过增强非特异性免疫、预防接种和个人预防服药等综合措施来降低易感人群感染疾病的概率。

4. 学校常见的传染病

（1）呼吸道传染病。校园内常见的呼吸道传染病有：流行性感冒、肺结核、水痘、流行性腮腺炎、麻疹、流行性脑脊髓膜炎等，随着新型冠状病毒肺炎在全世界的大流行，校园传播也难以避免。

（2）消化道传染病。校园内常见的消化道传染病有：诺如病毒感染性腹泻、细菌性痢疾、甲肝或戊肝、急性肠炎、手足口病等。

微课：
日常高效消毒法

（二）基本消毒知识

消毒是切断传染病传播途径的主要措施之一，目的是消除或杀灭由传染源排出到环境中的病原体，从而切断传播途径，控制传染病的传播。常用的消毒方法包括物理消毒法、化学消毒法。

1. 物理消毒的原理及用途

物理消毒是利用物理方法（包括光、热、蒸汽、压力等）以杀灭病原体。物理消毒法应用最多的是紫外线消毒，日常还可以使用煮沸消毒、流动蒸汽消毒等。

（1）紫外线消毒原理。紫外线可引起细胞成分，特别是核酸、原浆蛋白和酶发生变化，导致微生物死亡，常适用于空气和不宜蒸煮、浸泡的物品，如床垫、被褥等物体表面的消毒。优点是操作便捷，家用紫外线灯购买方便、可以移动到不同房间进行消毒，一般需持续照射 30 分钟以上方能达到消毒效果。

（2）煮沸消毒、流动蒸汽消毒原理。消毒时产生的高温可引起菌体蛋白质核酸、酶系统等活性大分子氧化或变性失活，进而导致微生物死亡，常适用于耐热耐湿的餐具、金属制品等的消毒。优点是方法简单、应用方便，不需要任何特殊的设施，价格便宜而且效果可靠。一般煮沸后或蒸汽产生后 20 ~ 30 分钟以上方能达到消毒效果。

2. 物理消毒的注意事项

（1）紫外线消毒注意事项。紫外线对皮肤和眼睛有一定的伤害，室内有人时不宜使用紫外线灯直接照射消毒；需要定期对紫外线灯进行清洁与检测，一般每 2 周用 75% 酒精棉球擦拭一次，除去上面的灰尘与油垢，减少对紫外线穿透的影响；定期使用紫外线化学指示卡检测其照射强度是否达标；使用紫外线灯照射消毒室内的空气时，房间内要保持清洁、干燥，减少尘埃和水雾；如果温度低于 20 ℃或高于 40 ℃，相对湿度大于 60% 时，要适当延长照射时间。只有直接照射的一面才能达到消毒目的，因此要按时翻动，使各个面都能受到一定剂量的照射。可使用移动式紫外线灯来定点照射被遮盖的阴暗处。

（2）煮沸消毒注意事项。煮沸消毒前，物品需清洗干净，一般煮沸 15 ~ 20 分钟即可；煮锅内物品不宜超过容器的 3/4，器皿的轴节或容器的盖应打开后再放入水中；煮沸过程中不得加入物品，否则持续加热时间应从重新加入物品时算起；玻璃器皿冷水放入，金属和搪瓷类器皿在水沸腾后放入；消毒后应将物品及时取出，置于无菌或清洁的容器内。

（3）流动蒸汽消毒注意事项。蒸笼产生蒸汽时开始计算消毒时间，一般 20 ~ 30 分钟为宜；物品不宜太过拥挤，以免影响蒸汽穿透；吸水物品不要浸湿放入，以免妨碍空气的交换；经蒸汽消毒后的物品需自然冷却后使用或放入干净的容器内。

3. 化学消毒法的原理及用途

化学消毒是将化学消毒剂通过喷雾器喷洒到室内空间或擦拭物品表面，达到消毒灭菌的目的。消毒原理是化学消毒药物作用于微生物和病原体，使其蛋白质变性，失去正常功能而死亡。化学消毒剂按不同消毒目的和消毒要求的浓度配比后，可进行物体表面消毒，适用于教室、宿舍、图书馆等公共场所。常用消毒剂介绍：

（1）含氯消毒剂。常用的有漂白粉、84 消毒液、优氯净、消毒灵、二氧化氯消毒溶液等。因其消毒力强，故在医疗防疫、日常生活、工作中应用最广。优点是操作简单易行，杀灭病菌比较彻底。缺点是化学消毒液一般具有腐蚀性、刺激性强、有漂白作用，消毒后环境内会留有气味，需要开窗通风一段时间；容易留下化学残留物；两种及以上消毒剂混合使用时，极易产生化学反应，可能对人体造成伤害，故消毒剂不能混合使用。物体表面的日常预防性消毒使用有效氯含量 50 mg/L ~ 500 mg/L 的含氯消毒剂溶液擦拭或喷洒，每天 2 ~ 3 次，作用时间 15 ~ 30 分钟后用清水擦拭干净。

（2）氧化消毒剂。常用的一般为医用双氧水，多用于物体表面消毒，也可用于伤口创面消毒。注意事项：不得口服，应置于儿童不易触及处；对金属有腐蚀作用，慎用；避免与碱性及氧化性物质混合；避光、避热，置于常温下保存。

（3）醇类消毒剂。常用的有 75% 酒精或者免洗手消毒凝胶，一般用于皮肤消毒、环境及物品擦拭或浸泡消毒。注意事项有 75% 酒精消毒效果最优；酒精有强刺激性，不宜用于开放性伤口及口腔、眼部黏膜等部位的消毒；酒精易燃，使用时应避开热源和明火；给电器表面消毒时需断开电源；居家使用不宜大量囤放，酒精不宜进行喷洒消毒。

（4）碘类消毒剂。日常使用较多的是碘伏，杀菌范围广，毒性低，无刺激和腐蚀性，且具有清洁剂作用。可用于皮肤、黏膜及器械消毒等，同时可用于食具、水果之类的消毒。注意事项为：少部分人有可能对碘伏过敏，出现涂抹部位红肿、皮疹及瘙痒的情况时，应停止使用碘伏，用生理盐水擦洗或去医院就诊；碘伏不能入眼，面部消毒时应保护双眼，一旦入眼立即用大量清水冲洗后去医院就诊。

4. 化学消毒方法介绍

（1）浸泡法。将待消毒物品浸没于装有含氯消毒剂的容器中，加盖，浸泡时间根据不同的情况通常为 10 ～ 30 分钟。达到消毒时间后取出消毒物品，将消毒液残留冲洗干净。

（2）擦拭法。适用于大件物品或其他不能浸泡消毒的物品，如环境表面的擦拭消毒，时间同浸泡法，达到作用时间后，用清水抹巾再次擦拭。

（3）喷洒法。将消毒剂用水稀释到合适的浓度，使用常规喷雾器或超低容量喷雾器进行喷洒。作用时间根据不同的情况通常为 10 ～ 60 分钟。因喷洒后有强烈的刺激性气味，人员应离开现场。

5. 化学消毒的注意事项

使用的消毒剂应在保质期限内，现配现用；保证消毒时间，消毒剂作用于物品 15 分钟以上；浸泡时应使消毒物品完全浸没于消毒液中；用品用具消毒前应洗净，避免油垢影响消毒效果；含氯消毒液有腐蚀性和刺激性，消毒后用清水将消毒液冲洗或擦拭干净以防对人体造成损害；严禁大剂量消毒剂对环境长时间消毒；严禁用消毒剂直接对人体进行喷洒消毒；不同的消毒目的，消毒浓度的配比不一样，严格按规定浓度进行配置；配置和使用消毒溶液时应佩戴防护用品，如一次性医用乳胶手套或薄膜手套，使用背负式喷雾器喷洒消毒时，建议佩戴护目镜、穿工作衣；消毒溶液如不慎入眼，立即用大量流动清水冲洗至少半个小时，如果冲洗过后仍有明显的不适感，需要前往医院眼科就诊。

拓展阅读

蚊子精准叮咬患病人群，源于自带“气味 GPS”？

虽然蚊子看起来身躯小，但它们传播疾病的能力非常强，而且通常传播的是能导致严重疾病的烈性病毒。有趣的是，蚊子能辨别出感染疾病患者身上的气味，精准识别以后再叮咬，这就造成了此类病毒的传播。

识别气味，精准咬人

蚊子和感染者之间的传播循环到底是怎么形成的呢？为了解决这个问题，科学家们开始探索蚊子识别感染者的过程和原理。研究发现，人体气味是调控蚊虫行为的关键因素。蚊虫的嗅觉神经系统能够感知一种来源于感染者的特征性气味分子，从而高效率追踪感染者，随后叮咬并取食带有病毒的血液，导致病毒在“宿主—蚊”之间高效传播。人体的气味主要来源于皮肤微生物，通过调控皮肤微生物，重塑感染者的气味，就可以影响蚊虫的嗅觉感知。蚊媒病毒能在宿主与蚊虫之间进行传播循环，在病毒传播循环中，蚊虫需要寻找、定位并叮咬感染的人或动物，取食带有病毒的血液。随后，蚊虫才能具备携带并快速传播病毒的能力。如果蚊虫叮咬非感染者，则不会有效获取病毒感染，病毒的传播循环就此被中断。

蚊媒病毒“宿主—蚊”传播循环

研究人员观察发现，在蚊媒病毒暴发流行初期感染者的比例不高（仅千分之一、甚至更低）。而蚊虫却能选择人群中的感染者进行叮咬，从而加速病毒传播，引起疫情暴发。可见，蚊虫如何有效定位感染宿主并获取病毒是病毒完成“宿主—蚊”传播循环的主要步骤。

蚊子到底把“气味 GPS”安在了哪里？

研究人员发现小鼠在蚊媒病毒感染后，可大量释放一种挥发性小分子——苯乙酮（Acetophenone），苯乙酮可以有效地激活蚊虫的嗅觉神经系统，增强蚊虫对感染小鼠的行为趋向性。因此发现了蚊媒病毒感染者吸引蚊虫叮咬的原因：病毒感染提高了人体皮肤中特定细菌的比例，显著提高了感染者的苯乙酮释放能力，从而明显提高了蚊虫对感染宿主的行为趋向。

根据以上发现，研究者提出了一种新的蚊媒病毒防治思路：可以通过调控人体气味，阻断蚊媒病毒的快速传播。由于在蚊媒病毒传染病流行初期，感染者在人群中的比例低，因而研究团队推测在感染者口服维生素 A 类药物后，蚊虫无法通过苯乙酮的气味来区分感染者与非感染者，这样就可以大大降低蚊虫取食感染者血液并感染的概率，使蚊媒病毒在自然界中无法高效建立“宿主—蚊”的传播循环过程。基于以上发现，可对特定感染人群补充维生素 A 或相关药物，避免蚊媒病毒传染病的大规模传播流行。

（资料来源：《学术前沿》，有删改）

（三）个人安全防护知识

个人防护是指在生产劳动或生活中用以防护人体不为环境中不良因素（生物病原体、粉尘、有害气体等）所危害的一种措施。传染性疾病发生后，致病病原体停留在空气、环境物体表面，可通过呼吸道、消化道等途径进行传播，人群在未接种疫苗的情况下，对传染性病原体普遍易感，但只要在日常生活、学习中正确做好个人防护措施，也能有效避免感染传染性疾病，具体措施如：合理选择口罩并正确穿脱、注意手部卫生等。

1. 口罩的类型选择

（1）口罩类型。根据国家卫生健康委员会发布的《不同人群预防新型冠状病毒感染口罩选择与使用技术指引》，高等学校师生在新型冠状病毒疫情防控期间，要按照防疫工作性质与风险等级，选择合适的口罩类型，不过度防护。常用的有医用外科口罩、医用防护口罩（N95）、一次性使用医用口罩、普通口罩（如棉纱、活性炭和海绵等类型）。

（2）口罩的选择方法。① 人员密集场所的工作人员、居家隔离及与其共同生活人员属于中等风险暴露人员，建议佩戴医用外科口罩。② 超市、商场、交通工具、电梯等人员密集区的公众，和集中学习、活动的在校学生属于较低风险暴露人员，建议佩戴一次性使用医用口罩。③ 宿舍内、户外空旷场所、通风良好工作场所工作者属于低风险暴露人员，可不佩戴口罩，或视情况佩戴非医用口罩，如棉纱、活性炭和海绵等口罩，具有一定防护效果，也有降低咳嗽、喷嚏和说话时产生的飞沫散播的作用。④ 高校师生不建议使用带呼吸阀的口罩类型。⑤ 一次性外科口罩连续佩戴 4 小时必须更换，污染或潮湿后立即更换，口罩佩戴前按规定洗手，佩戴时避免接触口罩内侧。⑥ 口罩脏污、变形、损坏、有异味时需及时更换。

2. 口罩的穿脱程序

（1）佩戴口罩的方法。口罩佩戴前严格按照“七步洗手法”洗手，擦干双手后再佩戴，避免弄湿口罩。佩戴的方法是将蓝色的防水面朝外，有金属片的一面向上，系带式口罩的上系带系于头顶中部，下系带系于颈后，挂耳式口罩把系带挂于两侧耳部即可。口罩应完全覆盖口鼻和下巴，用两手食指将口罩上的金属片沿鼻梁两侧按紧，使口罩紧贴面部。要进行密合性检查，将双手完全覆盖在防护口罩上方，快速呼气，如鼻夹附近有漏气则应调整鼻夹至不漏气为止。注意佩戴过程中避免手触碰到口罩内面。佩戴口罩时，注意不可内外面戴反，更不能两面轮流戴。

（2）脱摘口罩的方法。使用中尽量避免触摸口罩，不可将口罩取下悬挂于颈前或放于口袋内再使用，绝对不能用手去压挤口罩，这样会使病原体向口罩内层渗透，人为增加感染病原体的概率。摘脱口罩时不要接触口罩外面（污染面），系带式口罩应先解开下面的系带，再解开上面的系带，挂耳式口罩把两侧细带同时取下。用手指捏住口罩的系带丢至垃圾桶或医疗废物容器内。摘脱口罩的过程可能会污染双手，摘脱后应立即用肥皂洗手或用乙醇擦手。

3. 手部卫生

洗手是预防传染病最简便有效的措施之一，外出归来、戴口罩前和摘口罩后、咳嗽打喷嚏用手遮挡后、上厕所后、接触公共设施或物品后（如扶手、门把手、电梯按钮、钱币、快递等）应及时洗手。在洗手条件不允许时，可使用含乙醇成分的免洗洗手液，需注意使用期限及有效期。

七步洗手法：在流水下淋湿双手，取适量消毒洗手液，均匀涂抹至整个手掌、手背、手指和指缝，掌心相对，手指并拢，相互搓揉。手心对手背沿指缝相互搓揉，双手交替。掌心相对，双手交叉指缝，相互搓揉。弯曲手指使指关节在另一手掌心旋转搓揉，双手交替。右手握住左手大拇指旋转搓揉，双手交替。将五个手指尖并拢放在另一手掌心旋转搓揉，双手交替。一手手掌握住另一手的手腕部分，旋转揉搓，双手交替。用以上七步洗手法认真搓手至少 15 秒。洗手口诀“内外夹攻大力丸（腕）”分别指：掌心、手背、手指交叉、弯曲手指、指尖、大拇指及手腕。

（四）注意事项

1. 口罩防护

以一次性使用的医用口罩和医用外科口罩最佳。在外时，请正确佩戴口罩，深色面朝外，金属条朝上，在安全地方佩戴，包住口鼻，并按压金属条保证不漏气。戴上之后切勿触摸口罩外侧，口罩外侧吸附了飞沫和细菌，不能随意触摸。佩戴过程中如果出现口罩变湿、破损，或被污染，明显呼吸受阻等情况，应摘下换一个新的。脱下后消毒并丢弃至垃圾桶。脱口罩前和脱口罩后需洗手或者对手部进行消毒，口罩摘下后不应再次使用。

2. 眼部 / 脸部防护

护目镜、防护面罩最佳，如果没有请佩戴好眼镜。人在不自觉的时候，总会触碰脸部和眼部，佩戴眼镜或者面罩，可以有效阻止触碰。

3. 手部防护

佩戴较为服帖的一次性手套最佳，如果没有请戴好其他任何手套（医用一次性手套、吃外卖的一次性塑料手套、洗碗的手套、冬天的手套、工业棉手套、皮手套等都可以）。在工作场合里都不要脱下来，如不得不摘下手套，例如写字登记等，在戴回手套之前，必须对手部进行消毒或者仔细洗手，然后再戴上手套。请注意：必须用七步洗手法，手指缝、指甲缝和手腕都要仔细清洗。

4. 头部防护

戴好帽子，如一次性手术帽、鸭舌帽、活动的帽子，等等。佩戴帽子可以有效防止头发被污染。女性应将头发盘起后佩戴帽子，披头散发就失去了佩戴帽子的意义。回家后，立即对帽子进行酒精消毒，并且挂到通风处，不要随手放置。一次性手术帽消毒后立即丢弃。

实践开展

（一）活动工具准备

1. 标识类

工作牌、志愿衫、志愿帽、志愿者绶带等。

2. 工具类

专用擦拭抹布、背负式喷雾器、喷壶、量杯、移动式紫外线灯、医用外科口罩、N95 口罩、护目镜或防护面屏、一次性医用乳胶手套、薄膜手套，免洗手消毒凝胶、一次性医用帽、工作衣（白大褂或隔离衣、防护服）、脚套等。

3. 消毒类

各类含氯消毒剂、75% 医用酒精、双氧水、碘伏等。

（二）活动前准备

（1）志愿者需要了解消毒方法，根据消毒环境和物品选择物理或化学消毒法。能根据消毒区域的污染情况选用防护用品，能识别常用的化学消毒剂，能计算不同消毒浓度的消毒液配比，能根据消毒面积或消毒对象数量估算所需消毒液的配制量。能用浸泡法、擦拭法、喷雾法进行消毒，对消毒剂的中毒能采取简单的急救措施。

（2）志愿者需要具备高度的责任心，在实践过程中注意操作安全规范。

（3）活动前三日要求团队负责人将实践内容通知到参与的个人，以便个人进一步熟练相应操作，熟悉注意事项，做好心理准备与物资准备。

（三）活动中要求

（1）参加活动的志愿者们需准备好相关防护用品，包括医用外科口罩等。工作时间长，请定时更换口罩。口罩如果变湿或被污染时应及时更换废弃的口罩，将其放入塑料袋并扎紧袋口，丢弃在垃圾桶内。若在实践演练过程中需穿着防护用品，则按要求进行使用。

（2）手部尽量不要佩戴饰品，提前将饰品摘下。手部佩戴饰品，容易使局部形成藏污纳垢的“特区”，不易被清除干净。

（3）志愿者要实时做好健康监测，确保无感冒、咳嗽、发烧等症状，近一个月无发热等病史，请不要带病上岗。

（4）请志愿者确保全程佩戴口罩。如长时间佩戴口罩导致憋闷不舒服，确实需要摘下口罩时，请到人员稀少区域，进行适当调整后，再将口罩佩戴好，回到工作岗位上。

（5）志愿服务时请每隔 30 分钟用免洗消毒液进行一次手部消毒。若遇突发情况须提前离开，务必主动告知负责人，并做好工作交接。

（6）根据志愿服务活动情况尽量减少人员的近距离接触，就餐时不要聚集在一起。

（7）志愿服务后，摘下口罩并妥善处理，按照七步洗手法，在流动水下使用洗手液揉搓双手不少于 20 秒后冲洗干净，并对脸部进行清洗。

（8）完成志愿服务后，应及时换洗衣物。

（9）活动中服从安排，听从指挥，正向传播，倡导新风。

（10）防护第一，安全第一。

（四）课堂实践演练

请同学们每 4 ~ 6 人为一组，根据演练场景设置志愿服务。通过课堂实践演练，将所学的志愿服务知识内化，提升知识运用能力。

◆ **演练情景 1**：在教学楼防疫查验，对佩戴口罩不规范、不戴口罩的同学进行提醒，指导其正确佩戴口罩。

温馨提示：志愿者如遇到拒不佩戴口罩的同学，应悉心劝导，告知其呼吸道传染病最佳预防措施就是佩戴口罩，并教其正确的佩戴、摘脱方法。

◆ **演练情景 2**：模拟某宿舍内多位同学突发恶心、呕吐、腹泻，疑似诺如病毒感染，导致宿舍地面、厕所污染，在充当防疫志愿者时接到同学求助，如何在专业消杀人员到场前对宿舍内环境消毒，自己应如何做好防护措施避免交叉感染。

温馨提示：注意穿戴好手套、口罩等防护用物，先对环境进行清洁，再选含氯的消毒剂按相应的消毒浓度配比后进行消毒工作，对患病学生的餐具进行浸泡消毒。指导同学使用七步洗手法洗手或使用含有乙醇的速干型手部消毒剂，避免病毒通过粪—口途径感染。醇类过敏者，可选择季铵盐类等有效的非醇类手部消毒剂；特殊情况下，也可使用 3% 过氧化氢消毒剂擦拭双手。

◆ **演练情景 3**：新冠肺炎疫情期间，上课过程中同班同学出现发热症状，作为防疫志愿者，你该怎样做？

温馨提示：发热不一定就是新型冠状病毒肺炎，也可能是感冒发热，当你发现这一情况，首先要立即向校医院报告，引导其就诊排除新冠肺炎感染的隐患，同时，教学区域内的其他所有人员立即佩戴口罩，环境立即通风、消毒，要求其他同学做好健康监测，如有发热的情况，戴好 N95 口罩前往校医院就医，对宿舍等相关区域消毒。

◆ **演练情景 4**：新冠肺炎疫情期间，学校组织师生进行疫苗接种，接种前、后需要对场地进行消杀，作为防疫志愿者，应如何配合医护人员进行大范围消杀。

温馨提示：在专业人员指导下，穿戴好护目镜、防护口罩、隔离衣、乳胶手套、脚套，将消毒液按一定浓度配比后，使用背负式喷雾器喷洒消毒。

◆ **演练情景 5：** 同学患水痘后，如何使用紫外线灯对宿舍消毒。

温馨提示：水痘是呼吸道传染病，宿舍内物品擦拭、地面拖擦至水分干燥后，方可使用移动式紫外线灯车照射消毒，对空气消毒照射时间应大于 30 分钟。

课外实践

通过学习，我们了解了校园防疫的内容，认识了物理消毒和化学消毒法在切断传染病传播途径中发挥的重要作用，掌握了各类消毒方法的实际应用、个人防护用品的选择和佩戴口罩的正确方法，并在课堂上进行了演练。现在，请同学们投身到校园防疫的志愿服务中去。实践活动结束后，请主动与负责人或其他团队成员交流反馈，总结自己在活动中的表现和体会，并填写你的劳动实践记录卡和劳动实践评价表。

劳动实践记录卡

姓名		所属学院		行政班级	
活动主题				活动时间	
小组名称		小组成员			
活动目标					
活动过程					

续表

<table>
<tr><td>活动留影</td><td colspan="5"></td></tr>
<tr><td>活动中发现的问题</td><td colspan="5"></td></tr>
<tr><td>我存在的不足</td><td colspan="5"></td></tr>
<tr><td rowspan="4">活动收获</td><td colspan="5">知识技能</td></tr>
<tr><td colspan="5"></td></tr>
<tr><td colspan="5">劳动价值观</td></tr>
<tr><td colspan="5"></td></tr>
<tr><td>自我评价</td><td></td><td>活动小组长签字</td><td></td><td>学业导师签字</td><td></td></tr>
<tr><td>备注</td><td colspan="5"></td></tr>
</table>

劳动实践评价表

评级指标	二级指标	评价标准与分值		评分
知识与能力0.4	岗位学习工作主动性0.2	对所分配岗位的学习内容主动扩展,实践积极性强并有很好的成绩	20	
		乐于学习新的服务内容,可很好地掌握并实际运用所学知识	15	
		学习积极性不强,但可以掌握所需知识并基本完成实践	10	
		被动学习与实践	5	
	防护意识0.1	防护意识很强,操作规范	10	
		防护意识良好,消毒及个人防护操作无错误,或经提醒后可以纠正错误	8	
		防护意识一般,消毒及个人防护操作有缺陷	5	
		缺乏防护意识,有违反要求现象	2	
	沟通能力0.1	良好的沟通能力,与同学和本团队成员建立了非常好的关系	10	
		与同学有良好的关系,有问题时及时询问	8	
		有沟通愿望,但沟通方式方法还需提高	5	
		沟通不积极主动,只在被询问时给予回答	2	
过程与方法0.2	实践活动出勤情况0.1	按时出勤	10	
		迟到或早退	5	
		缺勤	0	

续表

评级指标	二级指标	评价标准与分值		评分
过程与方法 0.2	实践方法的有效性 0.1	独立操作能力强，操作规范，消毒物品选用正确、操作得当、个人防护用品穿脱熟练	10	
		劳技操作规范，工作细致耐心	8	
		完成项目结果明确、过程正确，达到预定目标	6	
		无法完成操作	2	
劳动态度、情感与价值观 0.4	责任感 0.15	对所分配岗位及团队工作具有责任感	15	
		对自身岗位有责任感，在提醒下能够提高团队责任感	10	
		只关注自身岗位并且不愿扩大责任范围	5	
		不愿承担责任，将自己的任务转移给他人	0	
	团队合作表现 0.1	良好的团队精神，乐于与团队成员共同解决问题	10	
		良好的团队精神，与团队成员融洽相处	8	
		有团队合作意识，但只在推动下才能帮助别人	6	
		缺乏合作意识，与团队成员的合作效果不佳	2	

续表

评级指标	二级指标	评价标准与分值		评分
劳动态度、情感与价值观 0.4	安全意识 0.15	很强的安全意识，对不合理或违反安全规定行为可以提出建议	15	
		良好的安全意识，拒绝不安全行为，遵守安全规定，日常工作中无安全错误	12	
		具备安全意识，但有轻微违反安全规定的情况，在提示下可以很快纠正错误	10	
		具备初级安全意识，但有忽略安全保护的现象	8	
合计				

参考文献

[1]沈贤珠,王福娇.Casa妈咪创意收纳[M].南宁:广西科学技术出版社,2015.

[2]孙毅.北京优云智翔航空科技有限公司组编.无人机驾驶(初级)[M].北京:高等教育出版社,2020.

[3]王振.电力内外线安装工艺[M].北京:电子工业出版社,2018.

[4]方大千,张正昌.家庭电气维修与用电问答[M].北京:国防工业出版社,2007.

[5]赵志为,闵革勇.边缘计算原理、技术与实践[M].北京:机械工业出版社,2021.

[6]吕永强,鲁磊纪,史国川.计算机组装与维修技术[M].2版.北京:清华大学出版社,2019.

[7]厉宝华,袁长君,霍凯杰,等.金属装饰锻錾工艺[M].北京:清华大学出版社,2022.

[8]罗振春.百工录——中国工艺美术记录丛书:首饰錾刻艺术[M].南京:江苏美术出版社,2013.

[9]李兰娟.传染病学[M].9版.北京:人民卫生出版社,2018.

[10]曾繁雄.新时代高职院校劳动教育实践探析[J].高教论坛,2021(11):72-74.

[11]黄敏丽,张蒙,尹静雯.新时代背景下劳动树人校本课程的实践探索[J].教育科学论坛,2021(19):67-69.

[12]余文森,殷世东.新时代中小学劳动教育的内涵、类型与实施策

略[J].全球教育展望,2020,49(10):92–101.
[13]马志霞,黄朝霞.新时代大学生劳动教育的价值意蕴、核心内容及实践策略[J].中国大学教学,2021(10):60–66+78.
[14]杨海文.发挥劳动教育在立德树人中的重要作用[J].高校后勤研究,2022(04):3.
[15]黄丕明.浅析高校校园保洁工作[J].民营科技,2015(12):90.
[16]张超汉.全球航空治理视野下中国《民用航空法》的现代化和一体化论要[J].时代法学,2016,14(06):94–102.
[17]陈广承,柏艺琴.民航局《轻小无人机运行规定》解读[J].中国应急管理,2016(01):40–41.
[18]戴杰.计算机维护维修与病毒防治[J].办公自动化,2021,26(14):59–61.
[19]蒋比平.家庭电路故障及判断、检修方法[J].中学物理,2013,31(08):90.
[20]谭新枝.家庭电路的组成及常见故障分析[J].电子技术与软件工程,2014(08):166.
[21]邵少春.家庭电路与安全用电的教学策略[J].教育,2019(30):65.
[22]夏永钢.浅析几种判断家庭电路故障的方法[J].知识文库,2017(07):106–107.
[23]张海鹏.短视频的分享应用与新媒体领域传播方式的创新研究[J].新闻研究导刊,2017,8(01):188.
[24]姬德强,杜学志.短视频规制:国际实践与中国对策[J].中国出版,2017(16):13–16.
[25]殷俊,刘瑶.我国新闻短视频的创新模式及对策研究[J].新闻界,2017(12):34–38.
[26]邓建国,张琦.移动短视频的创新、扩散与挑战[J].新闻与写作,2018(05):10–15.

[27]李相宜,赵蓓,游晓旭,张永坡,李玉仙,韩雪娇.供水管道管材的特性及应用综述[J].净水技术,2021,40(07):52-59.

[28]张志军,陈允喜,胡昌军,刘立亚.某城镇的居民家庭供水设施调查[J].环境与健康杂志,2008,25(08):725.

[29]刘阳.让学习雷锋精神在祖国大地蔚然成风——中国共产党人的精神谱系之九[J].奋斗,2022(01):30-31.

[30]国务院办公厅关于全面放开养老服务市场提升养老服务质量的若干意见[J].中华人民共和国国务院公报,2017(02):71-77.

[31]关于印发公共场所新型冠状病毒感染的肺炎卫生防护指南的通知[J].中华人民共和国国家卫生健康委员会公报,2020(01):27-28.

[32]国家卫生健康委办公厅 教育部办公厅关于印发中国学校结核病防控指南的通知[J].中华人民共和国教育部公报,2020(11):22+49-146.

[33]关于印发不同人群预防新型冠状病毒感染口罩选择与使用技术指引的通知[J].中华人民共和国国家卫生健康委员会公报,2020(01):30-32.

[34]国务院办公厅关于转发国家发展改革委 住房城乡建设部生活垃圾分类制度实施方案的通知[J].中华人民共和国国务院公报,2017(11):91-95.

[35]广东省疾病预防控制中心.学校和托幼机构预防新冠肺炎疫情卫生清洁消毒指引(第二版)[S].粤疾控函〔2020〕136号

[36]胡启明,洪润文.以志愿服务活动推进劳动教育[EB/OL].20200702. http://gx.wenming.cn/xcsx/202007/t20200702-5695681.htm